Süßes für Leib und Seele

Für einen wunderschönen Nachmittag
in Ihrem Atelier bedankt sich
herzlich   die Gruppe WIR aus Prien!

12. Mai 2001

Süßes
für Leib und Seele

Rezepte von Marietta Forst
Fotos von Kurt Schubert und Scarlet Faust
Ölbilder von Sibylle Salzeder

Manstedt Agentur & PimS Verlag GmbH · Marquartstein

© 2000   Manstedt Agentur & PimS Verlag GmbH
83250 Marquartstein, Staudacher Straße 22

Rezepte: Marietta Forst, 83209 Prien am Chiemsee
Fotos: Kurt Schubert, 83209 Prien am Chiemsee
Scarlet Faust, 80804 München
Foto Berger, 83209 Prien am Chiemsee
Sibylle Salzeder, 83313 Siegsdorf
Ölbilder: Sibylle Salzeder, 83313 Siegsdorf
Herstellung: Manstedt · Druckerei + Verlag, 83250 Marquartstein
Printed in Germany
Nachdruck, auch auszugsweise, nur mit Genehmigung des Verlags

ISBN   3-927999-11-3

Inhaltsverzeichnis

Einfache Bisquitrolle

125 g Zucker
125 g Mehl
4 Eier
3 EL heißes Wasser
½ TL Backpulver
abgeriebene Schale einer
unbehandelten Zitrone
400 - 450 g Aprikosenmarmelade

Die Eier verquirlen, nach und nach Zucker zugeben und weiterrühren, bis eine cremige Masse entsteht. Das heiße Wasser behutsam bei beständigem Rühren in die Masse einarbeiten und diese solange weiterschlagen, bis daraus eine hellgelbe dickliche Creme wird. Das mit dem Backpulver vermengte, gesiebte Mehl zusammen mit der abgeriebenen Zitronenschale unter die Creme heben. Die Teigmasse auf ein mit Backpapier belegtes Backblech gleichmäßig verteilen und im vorgeheizten Backrohr 10-12 Minuten bei 180°C hellgelb abbacken. Den noch warmen Bisquitteig auf ein weiteres Backpapier stürzen, das am Teigboden anhaftende Backpapier entfernen, diesen mit aufgerührter Aprikosenmarmelade gleichmäßig bestreichen und das Ganze sofort zu einer Rolle aufwickeln. Ausgekühlt, mit Puderzucker bestäuben.

Himbeer- oder Erdbeer-Sahne-Rolle

125 g Zucker
125 g Mehl
4 Eier
3 EL heißes Wasser
½ TL Backpulver
abgeriebene Schale einer
unbehandelten Zitrone
1 ½ Becher à 200 g süße Sahne
200 - 250 g Himbeeren oder Erdbeeren
50 g Zucker

Den fertig gebackenen Bisquitteig (Herstellung siehe unter „Einfache Bisquitrolle") noch warm auf ein mit 20 g Zucker bestreutes Handtuch stürzen und behutsam mit dem Handtuch aufrollen; auf einem Kuchengitter auskühlen lassen. Die Sahne steif schlagen. Die Bisquitrolle wieder aufrollen, mittig 2/3 der Teigoberfläche mit Sahne bestreichen, die Himbeeren bzw. die zerteilten Erdbeeren darüber verteilen und mit dem restlichen Zucker bestreuen. Das Ganze ohne Handtuch erneut aufrollen und kühl stellen.

Zitronenricotta mit Erdbeeren

300 g Ricotta oder
40 %iger Sahnequark
75 g Zucker
1 unbehandelte Zitrone
1 unbehandelte Orange
250 g Erdbeeren

Ricotta bzw. Sahnequark zusammen mit 30 g der angegebenen Zuckermenge und der abgeriebenen Schale der Zitrone gut miteinander verrühren und auf Nachtischteller spritzen. Von der Orange zunächst mittels eines Zestenreißers feine Streifen von der Schale ablösen und anschließend den Saft auspressen. Den restlichen Zucker karamelisieren und mit dem Orangensaft ablöschen; die Streifen der Orangenschalen zugeben, das Ganze erhitzen und abkühlen lassen. Die Erdbeeren säubern, halbieren und gleichmäßig auf die Nachtischteller verteilen; mit der Orangensauce übergießen.

Topfentorte

120 g Butter
140 g Puderzucker
125 g Magerquark
4 Eier
120 g Haselnüsse
1 unbehandelte Zitrone
Salz

Butter und 120 g Puderzucker cremig rühren, Eigelbe nach und nach einarbeiten. Topfen, gemahlene Haselnüsse und abgeriebene Zitronenschale einrühren. Eiweiß unter Zugabe von etwas Salz fest schlagen und behutsam unterheben. Im vorgeheizten Backrohr 45 - 55 Minuten bei 180 °C goldbraun backen. Ausgekühlt mit Puderzucker bestäuben.

Tipp:
Die Torte läßt sich ohne bestäubten Puderzucker gut einfrieren.

Erdbeerbowle

500 g reife, schöne Früchte:
Wald- oder Gartenerdbeeren
50 g Zucker
1 Flasche (0,75 Liter) leichter Weißwein
1 Flasche Sekt

Wein und Sekt gut kühlen. Erdbeeren säubern, entstielen, große Früchte halbieren oder vierteln. Früchte in ein Bowlengefäß geben, leicht zuckern und abgedeckt 1-2 Stunden ziehen lassen. Anschließend ½ Flasche Wein zugeben und weitere 30 Minuten abgedeckt ruhen lassen. Restlichen Wein und Sekt erst unmittelbar vor dem Servieren zugießen. Bowle stets gut kühl halten.

Pfirsichbowle

Gleiche Zubereitung wie bei Erdbeerbowle, jedoch Pfirsiche vor dem Einzuckern in dünne Scheiben schneiden.

Rahmkuchen

500 g Mehl
750 ml Milch
200 g Zucker
1 Würfel Hefe
½ TL Vanillemark
35 g Speisestärke
3 EL Öl
2 Eier, 3 zusätzliche Eigelb
1 unbehandelte Zitrone
750 g Crème fraîche
200 g Rosinen
50 g Puderzucker
Salz

Zur Herstellung eines Vorteiges 250 ml Milch zusammen mit 30 g Zucker leicht erwärmen, die Hefe zugeben und auflösen. Die Hefemilch und 150 g Mehl mittels eines Holzlöffels miteinander verrühren und abgedeckt an einem warmen Ort 15 Minuten gehen lassen. Die restliche Milch zusammen mit der Hälfte der angegebenen Vanillemenge und 150 g Zucker aufkochen. Die Speisestärke mit 6 EL Wasser verrühren, mit der Vanille-Milch mischen und bei milder Hitze unter beständigem Rühren 2 Minuten sachte aufkochen, anschließend abkühlen lassen. Den Vorteig mit dem übrigen Mehl, 1 Prise Salz und dem

Öl gut vermengen, durchkneten und abgedeckt 25 Minuten gehen lassen. Eier, Eigelb, abgeriebene Zitronenschale und 500 g Crème fraîche mit der Vanillemilch verrühren. Den gegangenen Hefeteig noch einmal gut durchkneten und großflächig ausrollen; er sollte auf jeder Seite 2 cm breiter sein als das Backblech. Den Teig auf das mit Backpapier ausgelegte Backblech legen und die überstehenden Teigränder hoch stehen lassen. Die Rosinen gleichmäßig auf der Teigoberfläche verteilen und den Teig noch einmal 10 Minuten gehen lasssen. Die Crème fraîche-Eier-

Tipp:

Unabhängig von der angegebenen Temperatur ist wegen der oft ungenauen Temperaturregelung der Backrohre zu beachten, daß die letzte Crème fraîche-Schicht erst aufgestrichen werden darf, wenn die darunterliegende Schicht eine feste Konsistenz aufweist.

Mischung auf dem Teig verteilen und glattstreichen. Das Ganze im vorgeheizten
Backrohr auf der untersten Einschubleiste
25 Minuten bei 200 °C backen. Die restliche
Crème fraîche mit der übrigen Zuckermenge
und der anderen Hälfte des Vanillemarks verrühren. Den Kuchen nach dem Ende der
Garzeit aus dem Backrohr nehmen, mit der
Crème fraîche-Zucker-Masse gleichmäßig
bestreichen (hierbei aber den Rand frei lassen) und erneut 5 Minuten ins Backrohr schie-
ben. Ausgekühlt, mit Puderzucker bestäuben.

Feine Vanillecreme

2 Becher (à 200 g) süße Sahne
60 g Zucker
4 Eigelb
3 Blatt Gelatine
¼ TL Vanillemark

Die Eigelb miteinander verquirlen. 150 g der
angegebenen Sahnemenge zusammen mit
Zucker und Vanillemark aufkochen und
anschließend behutsam in die verquirlten
Eigelb einrühren. Diese Masse in einem
heißen Wasserbad solange rühren, bis sie
dicklich wird. Gelatine in wenig kaltem
Wasser einweichen, quellen lassen, überstehendes Wasser abgießen, ausdrücken und
in die aus dem Wasserbad genommene
Ei-Sahne-Masse einrühren. Sobald die Creme
fest zu werden beginnt, den steif geschlagenen Rest der Sahne unterheben.

Tipp:
Zu dieser Creme paßt sehr gut
eine Fruchtsauce.

Osterlamm

2 Eier à 65 g
130 g Weizenmehl
130 + 25 g Puderzucker
130 + 10 g Butter
100 g Marzipanrohmasse
1 gestrichener TL Backpulver

130 g der angegebenen Buttermenge, ferner 130 g der angegebenen Puderzuckermenge sowie die Marzipanrohmasse miteinander cremig rühren und die Eier nach und nach unterschlagen. Mehl und Backpulver miteinander vermengen und durch ein Sieb in den Teig einarbeiten. Eine Lammform mit der restlichen Butter ausfetten und mit Mehl bestäuben. Die Teigmasse in die Form einfüllen, Oberfläche glattstreichen und 30-35 Minuten bei 160°C backen (durch Einstechen mit einer Spicknadel Garprobe machen!). Die Backform kurz abkühlen lassen, das gebackene Lamm behutsam aus der Form nehmen und mit dem restlichen Puderzucker bestäuben.

Osterhase

1 Ei à 65 g
65 g Weizenmehl
65 + 25 g Puderzucker
65 + 10 g Butter
50 g Marzipanrohmasse
½ gestrichener TL Backpulver

Analoge Herstellung und gleiche Backzeit wie bei Osterlamm.

Süße Törtchen

Zutaten für den Teig:

90 g Butter
80 g Zucker
1 Prise Vanillemark oder
1 Päckchen Vanillezucker
2 Eier
100 g Mehl
50 g Marzipanrohmasse
½ TL Backpulver
Salz

Zutaten für den Guß:

50 g weiße Couverture
50 g Vollmilch-Couverture
50 g Halbbitter-Couverture
1 TL Pistazien zum Garnieren

Couverturen im warmen Wasserbad schmelzen und die vier Törtchen verzieren.

Zur Herstellung des Teiges 80 g weiche Butter zusammen mit dem Zucker und der Marzipanrohmasse cremig rühren und nach und nach die ganzen Eier sowie die restlichen Zutaten einarbeiten. Eine kleine Muffinform mit 12 Mulden mit 10 g Butter dünn auspinseln und den Teig gleichmäßig auf die Vertiefungen verteilen. Im vorgeheizten Backrohr 10-12 Minuten bei 180°C backen. Kurz abkühlen lassen und auf ein Kuchengitter stürzen. Jeweils eine der

Tipp:

Statt Pistazien kann man auch kandierte Früchte zum Verzieren verwenden. Anstelle eines Schokoladengusses paßt auch gut ein Zitronen- oder Marmeladenzuckerguß.

Frischer Butterkuchen

Zutaten für den Teig:

400 g Mehl
⅛ - ¼ Liter Milch
50 g Butter
50 g Zucker
1 Ei
½ - 1 Würfel Hefe
½ TL Zimtpulver
Salz

Zutaten für den Belag:

150 g Butter
50 g Rohrohrzucker
100 g Mandelblättchen
½ TL Zimtpulver

Milch und Butter erwärmen. Hefe zufügen und unter Rühren auflösen. Zucker, Ei und Salz zugeben und soviel Mehl einarbeiten, bis ein glatter, mittelfester Teig entsteht. Diesen Teig 30 Minuten gehen lassen. Anschließend den Teig auf einem der Größe des Backblechs entsprechenden Backpapier ausrollen und beides zusammen auf das Backblech legen.

Zur Herstellung des Belages die weiche Butter cremig rühren und auf der Teigfläche gleichmäßig verteilen; Zimt, Zucker und Mandelblättchen darüber streuen. Das Ganze noch einmal gehen lassen. Im vorgeheizten Backrohr 20-25 Minuten bei 200°C backen.

Tipp:
Läßt sich gut einfrieren.

16

Eierlikör-Creme

½ Liter Milch
50-75 g Zucker
40-50 g Speisestärke
1 Ei
1 Prise Vanillemark
1 unbehandelte Zitrone
⅛ Liter Eierlikör
⅛ Liter süße Sahne
4 Löffelbisquit
Minzblättchen
Salz

Die Speisestärke in einer kleinen Schüssel mit einigen EL kalter Milch anrühren. Restliche Milch in einem Topf zusammen mit Zucker, abgeriebener Schale der Zitrone, Vanillemark und Salz zum Kochen bringen; die gelöste Speisestärke einrühren. Das Ganze aufkochen lassen, mit dem Eigelb legieren und das zu Eischnee geschlagene Eiweiß fest einrühren. Die Masse erkalten lassen; Eierlikör und geschlagene Sahne einarbeiten. Die Creme auf die einzelnen Nachtischteller verteilen und jeweils mit einem Löffelbisquit und einem Minzblatt verzieren.

Weiße Mousse

200 g weiße Schokolade
2 Eier
1 EL Puderzucker
1 EL Rum
2 Blatt Gelatine
2 Becher (à 200 g) süße Sahne

Die Schokolade behutsam im warmen Wasserbad schmelzen. Die Gelatine in kaltem Wasser einweichen. Die ganzen Eier zusammen mit dem Puderzucker im heißen Wasserbad cremig rühren. Die Gelatine aus dem Wasser nehmen und in der Eicreme auflösen. Die aufgelöste Schokolade in die Creme zügig einrühren und das Ganze abkühlen lassen. Die Sahne steif schlagen und unter die Creme ziehen, mit Rum abschmecken und kühl stellen.

Tipp:
Läßt sich gut am Vortag zubereiten.

Sahnecreme mit Erdbeeren und Caramelsauce

Zutaten für die Sahnecreme mit Erdbeeren:
375 g süße Sahne
50 g Zucker
2 Blatt Gelatine
¼ TL Vanillemark
500 g Erdbeeren

Zutaten für die Caramelsauce:
3-4 EL Zucker
6 EL kaltes Wasser

Zur Herstellung der Sahnecreme die Gelatine in wenig kaltem Wasser einweichen. Sahne und Zucker in einem Topf unter beständigem Rühren zum Kochen bringen, bei schwacher Hitze 10-15 Minuten einkochen lassen, Vanillemark zugeben und kurz abkühlen lassen. Gelatine ausdrücken und solange in die Sahne-Zucker-Masse einrühren, bis sie aufgelöst ist. Das Ganze erkalten lassen.

Zur Zubereitung der Caramelsauce den Zucker in einem Topf mit dickem Boden schmelzen, bräunen, mit kaltem Wasser ablöschen und bei schwachem Feuer solange durchrühren, bis sich alle Zuckerkristalle aufgelöst haben. Die Caramelmasse gleichmäßig auf einzelne Förmchen verteilen und dabei darauf achten, daß die Böden der Förmchen gut bedeckt sind; auskühlen lassen. Die abgekühlte Sahnecreme auf die Förmchen verteilen und abgedeckt im Kühlschrank erstarren lassen. Es empfiehlt sich, die Creme stets einen Tag vor dem Verzehr herzustellen! Die Erdbeeren säubern, halbieren und zuckern. Zum Anrichten der Creme diese behutsam mit einem Messer vom Rand der Förmchen her lösen, auf Nachtischteller stürzen und mit Erdbeeren garnieren.

Mandelkuchen mit Eierlikörguß

Zutaten für den Teig:

110 g Butter
100 g Zucker
5 Eier
200 g Mandeln
100 g Zartbitterschokolade
1 gehäufter TL Backpulver
1 Prise Vanillemark
1 EL Rum
10 g Mehl zum Bestäuben

Zutaten für den Belag:

250 ml süße Sahne
1-2 EL Zucker
1 Prise Vanillemark
⅛ Liter Eierlikör
1-2 Blatt Gelatine

Zur Herstellung des Teiges 100 g Butter und Zucker schaumig rühren; Eigelbe unterrühren. Die Schokolade reiben und mit den restlichen Zutaten in die Masse einarbeiten. Das Eiweiß fest schlagen und unterheben. Den Teig in eine ausgefettete und bemehlte Springform einfüllen und die Oberfläche glattstreichen. Im vorgeheizten Backrohr 25-30 Minuten bei 180°C backen; anschließend den Rand der

Form lösen und den Kuchen auf einem Gitter auskühlen lassen. Kurz vor dem Verzehr die Sahne schlagen, abschmecken und auf der Kuchenoberfläche gleichmäßig verteilen; mit Eierlikör von der Mitte aus begießen.

Tipp:

Der Kuchen läßt sich ohne Belag gut einfrieren. Sofern der Eierlikör nicht in die Sahne eindringen soll, sondern als Belag darüber gewünscht wird, die Gelatine in wenig kaltem Wasser einweichen, nach 5 Minuten das überstehende Wasser bis auf 1 EL abgießen und die Gelatine bei mäßiger Temperatur auflösen. Mit etwas Eierlikör abschrecken, anschließend die Gelatine in die Hauptmenge Eierlikör einrühren und das Ganze über die Sahne ausgießen.

Tipp:

Zur Herstellung von Himbeer-Parfait dient die gleiche Zubereitungsart, die pürierten Himbeeren sind nur zur Entfernung der störenden Kerne zusätzlich durch ein Sieb zustreichen.

Erdbeer-Parfait

500 g Erdbeeren
200 g süße Sahne
50-100 g Zucker

Die Erdbeeren säubern und von den Stielen befreien; die Hauptmenge zusammen mit dem Zucker pürieren, einige Früchte zum späteren Garnieren zurückbehalten. Sahne schlagen und unterheben. Diese Masse in eine Form passender Größe geben und mindestens 24 Stunden einfrieren. Anschließend die Form kurz in heißes Wasser stellen und den Inhalt auf eine Platte stürzen; mit den restlichen Früchten garnieren.

Rosa Grapefruit

2 rosa Grapefruit
2 EL Honig oder
entsprechende Menge
brauner Zucker

Diese Züchtung schmeckt besonders mild. Entweder mit etwas Honig süßen und direkt auslöffeln oder braunen Zucker darüber streuen und unter dem Grill karamelisieren lassen.

Savarin mit Obst

Zutaten für den Teig:
350 g Mehl
150 g Butter
50 g Zucker
20 g Hefe
⅛ Liter lauwarme Milch
2 Eier
1 unbehandelte Zitrone
1 Prise Vanillemark

Zutaten für den Sud:
8 cl Weinbrand
5 EL Weißwein
½ Liter Wasser
150 g Zucker

zum Bestreichen:
100 g Aprikosenmarmelade

zur Füllung:
500 g Obst nach eigener Wahl

Tipp: Schlagsahne oder Vanillesauce dazureichen.

Die Hefe in der lauwarmen Milch auflösen. Das Mehl in eine Schüssel geben, eine Mulde eindrücken, Hefemilch zugeben und durch behutsames Vermengen einen Vorteig herstellen; abgedeckt 10-15 Minuten gehen lassen. Eier, Vanillemark, abgeriebene Schale der Zitrone, Butter und Salz zugeben und das Ganze zu einem glatten, weichen Teig verarbeiten. Diesen in eine ausgefettete, mit Mehl bestäubte Kranzform einfüllen und darin solange gehen lassen, bis er das doppelte Volumen angenommen hat. Im vorgeheizten Backrohr 25-30 Minuten bei 200°C backen.

Weinbrand mit Weißwein, Wasser und Zucker unter beständigem Rühren solange aufkochen, bis der Zucker vollkommen aufgelöst ist.

Den noch warmen Kuchen aus der Form lösen und in eine passende Schüssel oder Pfanne legen, den Sud darüber gießen und einziehen lassen; gegebenenfalls behutsam wenden. Sobald die Flüssigkeit vollständig aufgesogen ist, den Savarin auf eine Kuchenplatte legen und mit der erhitzten, glattgerührten Aprikosenmarmelade überziehen. In den Ring Obst nach eigener Wahl füllen, sofern gewünscht, auch Rumfrüchte.

Aprikosentorte

Zutaten für den Teig:
260 g Mehl
75 g Zucker
1 Ei
1 unbehandelte Zitrone
135 g Butter
Salz

Zutaten für die Füllung:
200-250 g Aprikosenmarmelade
2-3 EL Amaretto oder Aprikosenlikör

zum Bestäuben:
20 g Puderzucker

Tipp:
Diese Torte läßt sich gut vorbereiten und hält sich mehrere Tage frisch. Zur Abwechslung läßt sich auch Preiselbeermarmelade als Füllung verwenden.

Aus 250 g der angegebenen Mehlmenge, Zucker, 125 g der angegebenen Buttermenge, dem ganzen Ei, abgeriebener Zitronenschale und einer Prise Salz einen Mürbeteig herstellen und diesen 30 Minuten kühl stellen. Eine Tart- oder Springform mit der restlichen Butter ausfetten und leicht mit Mehl bestäuben. Zwei Drittel der Teigmenge auf bemehlter Arbeitsfläche ½ cm dick ausrollen und damit die Form auslegen; den Teig am Rand 2 cm hochziehen und fest andrücken. Die Aprikosenmarmelade mit dem gewählten Likör verdünnen, pürieren und auf dem Teigboden gleichmäßig verteilen. Aus der restlichen Teigmenge 10 Rollen formen und diese auf der Teigoberfläche gitterartig auflegen. Im vorgeheizten Backrohr 25-30 Minuten bei 200°C backen. Vor dem Servieren mit Puderzucker bestäuben.

Aprikosensoufflé
(Eiweißverwertung)

4 Eiweiß
50 g Puderzucker
10 g Butter
2-3 EL Aprikosenmarmelade
1 unbehandelte Zitrone

Das gekühlte Eiweiß zusammen mit einigen Tropfen Zitrone steif schlagen; den Zucker unter weiterem Schlagen unterrühren. Die glatt gerührte Aprikosenmarmelade und abgeriebene Zitronenschale behutsam unter die Masse heben. Diese in eine ausgebutterte Auflaufform geben und im vorgeheizten Backrohr 10-15 Minuten bei 150°C backen. Sofort servieren!

Gefüllte Hefeschnecken

Zutaten für den Teig:
300 g Mehl
50 g Butter
50 g Zucker
½ Würfel Hefe
⅛ - ¼ Liter lauwarme Milch
1 unbehandelte Zitrone
Salz

Zutaten für die Füllung:
200 g Haselnüsse
100 g Marzipanrohmasse
50 g Zucker
3 EL süße Sahne
2 EL Mandellikör

Zutaten für den Guß:
100 g Puderzucker
2-3 EL Zitronensaft oder Mandellikör

Die Hefe in ⅛ Liter lauwarmer Milch auflösen. Das Mehl in eine Schüssel geben, eine Mulde eindrücken, Hefemilch zugeben und durch behutsames Vermengen einen Vorteig herstellen; abgedeckt 10-15 Minuten gehen lassen. Diesen Vorteig anschließend zusammen mit der Butter, dem Zucker, abgeriebener Schale der Zitrone und Salz in eine Schüssel geben und mit einem Handrührgerät zu einem mittelfesten Hefeteig verarbeiten; gegebenenfalls noch etwas lauwarme Milch unterrühren. Den Teig abgedeckt auf das doppelte Volumen gehen lassen.

Zur Herstellung der Füllung alle Zutaten in einer Schüssel mischen, gut miteinander ver-

Tipp:
Ohne Guß läßt sich dieses Gebäck gut einfrieren.

28

rühren und dabei soviel Flüssigkeit zugeben, daß eine streichfähige Masse entsteht.

Den fertigen Hefeteig ½ - 1 cm dick ausrollen, auf der ganzen Fläche mit der Nußmasse bestreichen und aufrollen. Den Teig mit einem Sägemesser in 1 - 1 ½ cm dicke Scheiben zerteilen, diese auf ein mit Backpapier ausgelegtes Backblech legen und im vorgeheizten Backrohr ca. 15 Minuten bei 180 °C abbacken. Ausgekühlt mit Guß bestreichen oder auch nur mit Puderzucker bestäuben.

Süße Schwäne

(Eiweißverwertung)

Zutaten für die Baisermasse:

4 Eiweiß à 30 g
120 g Zucker
100 g Puderzucker
4 gestr. TL Mondamin

Zutaten für die Füllung:

¼ - ⅜ Liter süße Sahne
100 g Obst nach Wahl,
z. B. Erdbeeren

Das gekühlte Eiweiß steif schlagen, den Zucker unter weiterem Schlagen einrieseln lassen. Puderzucker und Mondamin durch ein Sieb auf die Masse stäuben und mit einem Teigschaber behutsam unterheben. Diese Baisermasse in einen Spritzbeutel füllen und damit Flügel und Schwanenhälse auf ein mit Backpapier ausgelegtes Backblech spritzen. Im Backrohr bei 50 °C mehrere Stunden trocknen lassen, hierbei die Ofentüre einen Spalt geöffnet lassen. In Blechdosen verschlossen aufbewahren. Die Schwäne erst kurz vor dem Verzehr mit geschlagener Sahne zusammensetzen und mit Obst garniert servieren.

durch behutsames Vermengen einen Vorteig herstellen; abgedeckt 10-15 Minuten gehen lassen. Diesen Vorteig anschließend zusammen mit der Butter, dem Zucker, abgeriebener Schale der Zitrone und Salz in eine Schüssel geben und mit einem Handrührgerät zu einem mittelfesten Hefeteig verarbeiten; gegebenenfalls noch etwas lauwarme Milch unterrühren. Den Teig abgedeckt auf das doppelte Volumen gehen lassen.

Eine Muffinform mit Butter ausstreichen. Aus dem fertigen Teig 12 größere und 12 kleinere Kugeln formen. Die größeren Kugeln in die Mitte der einzelnen Mulden der Muffinform setzen und mit Eigelb bestreichen. Die kleineren Kugeln jeweils auf die Mitte der größeren setzen, leicht andrücken und ebenfalls mit Eigelb bestreichen. Im vorgeheizten Backrohr 10-15 Minuten bei 180°C backen. Zum Servieren gegebenenfalls in Manschetten setzen und mit Puderzucker bestäuben.

Kleine Hefebrötchen

300 g Mehl
60 g Butter
50 g Zucker
½ Würfel Hefe
⅛-¼ Liter lauwarme Milch
1 Ei
1 unbehandelte Zitrone
Salz
20 g Puderzucker zum Bestäuben

Die Hefe in ⅛ Liter lauwarmer Milch auflösen. Das Mehl in eine Schüssel geben, eine Mulde eindrücken, Hefemilch zugeben und

Tipp:
Bei Kindereinladungen läßt sich das Gebäck als nette Tischdekoration verwenden. Schmeckt gut mit Butter und Marmelade.

Zitronentorte

Zutaten für den Teig:

250 g Mehl
120 g Butter
50 g Zucker
1 Ei
1 unbehandelte Zitrone
Salz

Zutaten für die Füllung:

250 g Zucker
150 g Butter
3 Eier
2 unbehandelte Zitronen
3 Blatt Gelatine
4-6 Scheiben Zitronen zum Garnieren

Aus den angegebenen Zutaten und abgeriebener Zitronenschale einen Mürbeteig herstellen und diesen 10 Minuten kühl stellen.

Tipp:

Die Zitronentorte eignet sich als Nachtisch nach einem leichten Fischgericht und auch als Kuchen für heiße Sommertage. Sie läßt sich gut vorbereiten und hält sich mehrere Tage im Kühlschrank.

Zur Herstellung der Füllung die Gelatine in wenig kaltem Wasser einweichen. Zucker und Zitronensaft im heißen Wasserbad miteinander verrühren, die ganzen Eier zugeben und diese Masse solange mit dem Handrührgerät schlagen, bis sie dicklich-cremig wird. Anschließend die Creme aus dem Wasserbad nehmen. Die eingeweichte Gelatine aus dem Wasser nehmen, ausdrücken und zusammen mit abgeriebener Zitronenschale in die Masse einrühren.

Eine Torten- oder Springform mit Butter einpinseln, mit Mehl bestäuben und mit dem Teig auskleiden; den Rand etwa 3 cm hochziehen. Den Tortenboden mit einer Gabel mehrmals einstechen. Im vorgeheizten Backrohr 20-25 Min. bei 200°C backen. Anschließend aus der Form lösen und auf einem Kuchengitter auskühlen lassen. Die Füllung auf den erkalteten Tortenboden gießen und abgedeckt im Kühlschrank erstarren lassen. Vor dem Servieren mit den Zitronenschalen verzieren.

Himbeer-Baiser-Torte
(Eiweißverwertung)

Zutaten für die Baisermasse:
4 Eiweiß à 30 g
120 g Zucker
100 g Puderzucker
4 gestr. TL Mondamin

Zutaten für den Belag:
500 g Himbeeren
¼ Liter süße Sahne (nach Wunsch)

Das gekühlte Eiweiß steif schlagen, den Zucker unter weiterem Schlagen einrieseln lassen. Puderzucker und Mondamin durch ein Sieb auf die Masse stäuben und mit einem Teigschaber behutsam unterheben.
Die Baisermasse auf einem mit Backpapier belegten Backblech zu einem runden Tortenboden formen und über Nacht im Backrohr bei 50° C durchtrocknen lassen; hierbei die Ofentür einen Spalt geöffnet lassen. In einer dicht schließenden Blechschachtel kann die Torte mehrere Wochen aufbewahrt werden. Entweder die Torte vor dem Servieren direkt mit den Himbeeren belegen oder als Zwischenschicht steif geschlagene Sahne einfügen.

Tipp:
Anstelle der Himbeeren kann man auch durch die Spätzlepresse durchgedrücktes Maronenpurée auf die Sahne geben.

Sahne- oder Eistüten

150 g Mehl
1 Ei
⅛ Liter Milch
20-30 g Butter
50 g Zucker
Zimt
Salz

Die Butter cremig rühren, Ei, Zucker und je eine Prise Zimt und Salz einrühren; abwechselnd Milch und Mehl zugeben. Den Teig in einem Hörnchenautomaten ausbacken; jeweils 1 EL Teigmasse auf die Backfläche geben und abbacken. Noch heiß zu einer Tüte drehen (gegebenenfalls in einer fest verschlossenen Blechschachtel aufbewahren). Die Tüten können mit Eis oder mit geschlagener Vanillesahne gefüllt und mit beliebigen Früchten verziert serviert werden.

Wein-Zitronencreme

400-500 ml Weißwein
1 Saftzitrone
1 unbehandelte Zitrone
2 Eier
50-75 g Zucker
30-40 g Mondamin
⅛ Liter süße Sahne

Eigelb und Zucker schaumig schlagen, Wein und Mondamin einrühren. Diese Masse unter ständigem Rühren einmal kurz aufkochen lassen. Den Saft von 1-2 Zitronen sowie die abgeriebene Schale der unbehandelten Zitrone zugeben. Das Eiweiß steif schlagen und in die Masse einarbeiten; nach dem Erkalten die geschlagene Sahne unterheben. Auf Dessertteller oder Gläser verteilen und mit Schalenstückchen der unbehandelten Zitrone verzieren.

Tipp:

Vorsicht bei der Zugabe des Zitronensaftes – wegen der unterschiedlichen Größe der Zitronen. Bei zuviel Zitronensaft wird die Creme schnell zu sauer. – Der Eischnee muß fest untergeschlagen werden, da er sonst ausflockt und die Creme unschön aussieht.

Beeren-Teller

600 g gemischte Früchte,
z.B. Erdbeeren, Himbeeren, Blaubeeren, Sauer-
kirschen, Brombeeren und Johannisbeeren
100-150 g Zucker
20-30 g Mondamin
¼ Liter süße Sahne
1 Prise Vanillemark

Die Früchte säubern, Beeren von den Stielen
trennen, Kirschen entsteinen. Sämtliche
Früchte zusammen mit dem Zucker unter
behutsamem Umrühren zum Kochen bringen,
das mit etwas kaltem Wasser angerührte
Mondamin einrühren, das Ganze kurz aufkochen lassen und vom Feuer nehmen. Die
Masse entweder auf eine Platte gießen oder
auf die einzelnen Nachtischteller verteilen.
Hierzu die geschlagene Sahne reichen.

Tipp:

Das Mondamin kann anstelle
in Wasser auch in etwas
Weißwein eingerührt werden.
– Statt der Sahne paßt auch
gut Vanillesauce. – Um das
Entstehen einer festen Haut
auf der Früchteoberfläche zu
vermeiden, ist diese unmittelbar nach dem Ausgießen mit
einer zusätzlichen, dünnen
Zuckerschicht zu bestreuen.

Aprikosenkompott

1 kg reife Aprikosen
375 - 500 ml Wasser
150 - 200 g Zucker
1 EL Zitronensaft

Früchte säubern, kurz blanchieren, häuten,
halbieren und entkernen. Aus Wasser, Zucker
und Zitronensaft einen Sud kochen, Frucht-
stücke einlegen, einmal aufkochen und abgedeckt bei mäßiger Temperatur nur noch
ziehen lassen (bei zu starkem Feuer Gefahr
des Verkochens des Obstes!).

Tipp:
Verwendung von Früchten möglichst gleichen
Reifegrades. Verwendung eines Topfes mit
breitem Boden, damit die Früchte nebeneinander und nicht aufeinander zu liegen kommen.

Apfelstrudel mit Vanillesauce

Zutaten für den Teig:
250 g Mehl
50 g Butter
2 EL Öl
1/16 - 1/8 Liter lauwarmes Wasser
1 Prise Salz

Zutaten für die Füllung:
1,5 kg Äpfel
80 - 100 g Zucker
¼ TL Zimtpulver (nach Wunsch)
100 g Rosinen (nach Wunsch)

Das Mehl auf ein Backbrett zu einem kleinen Häufchen sieben; in dessen Mitte eine Vertiefung eindrücken und in die gebildete Mulde Öl, Salz und löffelweise warmes Wasser geben. Das Ganze zu einem geschmeidigen Teig kneten, daraus einen kleinen Laib formen und diesen weiterkneten, bis er Blasen wirft. Der Teig ist richtig zubereitet, wenn er nicht mehr am Backbrett haften bleibt und wenn bei einem Druck mit dem Finger die Druckstelle wieder verschwindet. Den Teig 10 Minuten abgedeckt ruhen lassen.

Zur Herstellung der Füllung die Äpfel schälen, vom Kernhaus befreien, vierteln und in feine Scheiben schneiden.

Den Strudelteig hauchdünn auf dem leicht bemehlten Backbrett ausrollen und mit einem Teil der erwärmten Butter bestreichen. Apfelscheiben, Zucker und gegebenenfalls Zimt und Rosinen auf der Fläche verteilen. Die Teigränder von allen Seiten 3 cm nach innen einschlagen. Diese eingeschlagenen Teigränder mit Butter bestreichen; den Teig behutsam aufrollen und hierbei die jeweils sichtbar werdenden Teigflächen mit Butter bestreichen. Den gefüllten Strudelteig auf ein mit Backpapier belegtes Backblech legen und im vorgeheizten Backrohr 30 - 40 Minuten bei 200 °C backen. Während dieser Zeit den Strudelteig mehrmals mit dem austretenden Saft der Äpfel begießen.

Zutaten für die Vanillesauce:
¼ Liter Milch
3 EL Zucker
⅛ Liter süße Sahne
2 Eier
1 Prise Vanillemark

Milch, Zucker und Vanillemark miteinander aufkochen und vom Feuer nehmen. Eigelb mit der Sahne verrühren und mit einem Schneebesen fest in die heiße Milch-Zucker-Mischung einrühren; das Eiweiß steif schlagen und fest unterrühren.

Kefir-Mousse mit Sauerkirschen

375 g Sauerkirschen, frisch oder tiefgekühlt
1 Becher (200 g) Kefir
1 Becher (200 g) süße Sahne
2 Eigelb
150 g Zucker
4-5 Blatt Gelatine
2-3 EL Kirschwasser
1 Prise Vanillemark

Gelatine in etwas kaltem Wasser einweichen. Sahne steif schlagen. Eigelb mit der Hälfte der angegebenen Zuckermenge im heißen Wasserbad schaumig schlagen. Die ausgedrückte Gelatine in die heiße Eigelb-Zucker-Masse einrühren und das Ganze abkühlen lassen; Kefir, Sahne und Kirschwasser behutsam einarbeiten, mit Vanille abschmecken und kühl stellen.

Frische Sauerkirschen entsteinen oder tiefgekühlte, steinlose Sauerkirschen auftauen lassen. Kirschen zusammen mit dem restlichen Zucker zu Kompott aufkochen und kühlstellen.

Creme und Kompott auf Nachtischtellern anrichten.

Erfrischende Joghurt-Creme

500 g Joghurt mit 3,5 % Fettgehalt
1 Becher (200 g) süße Sahne
1 unbehandelte Zitrone
75-100 g Zucker
3-4 Blatt Gelatine

Gelatine in kaltem Wasser einweichen. Nach 5 Minuten überstehendes Wasser bis auf einen Rest von etwa 1 EL abgießen und Gelatine im Restwasser vorsichtig bis zur völligen Auflösung der Gelatine erwärmen (keinesfalls erhitzen). Joghurt in einer Schüssel mit dem Schneebesen verrühren und die abgeriebene Schale sowie 1 EL des Saftes der Zitrone zusammen mit dem Zucker unterrühren. Die inzwischen aufgelöste Gelatine zunächst mit 3 EL der Joghurtmasse abschrecken, anschließend Rest untermischen. Die geschlagene Sahne in die Masse einarbeiten. Abschmecken, in eine Nachtischschüssel füllen und kühl stellen.

Geeiste Melonenbällchen

3-4 verschiedene Melonenarten nach eigener Wahl
⅛ Liter Portwein oder süßer Sherry
1 Paket Eiskugeln

Aus dem Fleisch reifer Melonen verschiedener Sorte mittels eines Kugelausstechers einzelne Kugeln ausstechen und in ein Glas mit weiter Öffnung geben, Eiskugeln zufügen und mit Portwein oder Sherry begießen. Vor dem Servieren etwa 10 Minuten ziehen lassen.

Minzgelée

1 Bund Pfefferminze
¼ Liter Apfelsaft
⅜ Liter Wasser
500 g Gelierzucker
einige Tropfen grüne Lebensmittelfarbe

Das Wasser aufkochen, Minze einlegen und abgedeckt ziehen lassen. Abkühlen lassen, noch lauwarm ¼ Liter Sud abfüllen und Rest verwerfen; Apfelsaft zugeben und aufkochen. Gelierzucker einstreuen und bis zur Gelierprobe bei schwachem Feuer einkochen lassen. Mit einigen Tropfen Lebensmittelfarbe einfärben, auf Schraubdeckelgläser abfüllen, fest verschließen und 10 Minuten umgedreht auf den Deckel stellen.

41

Eclairs

Zutaten für den Brandteig:
200 ml Milch
200 ml Wasser
100 g Butter
200 g Mehl
5-6 Eier
Zucker
Salz

Zutaten für die Füllung:
½ Liter Milch
75-100 g Zucker
6 Eigelb
20 g Mehl
20 g Mondamin
1 Prise Vanillemark
¼ Liter süße Sahne
2 Blatt Gelatine

Milch, Wasser und Butter zum Kochen bringen, das gesiebte Mehl auf einmal in die Flüssigkeit geben und mit einem Kochlöffel rasch zu einem Kloß verrühren. Solange weiterrühren, bis sich auf dem Boden des Topfes eine dünne weiße Schicht bildet. Nach kurzem Abkühlen so viele Eier einarbeiten, bis eine spritzfähige Masse entsteht. Aus diesem Teig mittels eines Spritzbeutels mit weiter

Spritztülle auf ein mit Backpapier belegtes Backblech nebeneinander 7 cm lange Teigstreifen setzen. Im vorgeheizten Backrohr zunächst 8-10 Minuten bei 220°C vorbacken und anschließend bei leicht geöffneter Backofentüre noch 5 Minuten fertig backen.

Zur Herstellung der Füllung die Milch zusammen mit dem Vanillemark und 20 g Zucker zum Kochen bringen. Die Eigelbe zusammen mit dem restlichen Zucker, Mehl und Mondamin weißcremig schlagen. Die heiße Milch langsam unter die Eimasse rühren, das Ganze zurück in den Milchtopf geben, unter beständigem Schlagen erneut kurz zum Kochen bringen und anschließend im kalten Wasserbad kalt rühren. Sahne steif schlagen. Gelatine in kaltem Wasser einweichen, nach 8 Minuten das überschüssige Wasser bis auf 1 EL abgießen und bei schwacher Hitze auflösen. Gelatine mit etwas geschlagener Sahne abschrecken und unter beständigem Rühren in die restliche Sahne einarbeiten. Die Sahne-Gelatine-Mischung in die abgekühlte Creme einrühren, die angesteifte Gesamtfüllung in einen Spritzbeutel geben und die Eclairs damit füllen.

Obstkränze

Zutaten für den Teig:
150 g Mehl
150 g Quark
150 g Butter
1 unbehandelte Zitrone

Zutaten für den Belag:
300 g Obst, z. B. Aprikosen

Zutaten für den Guß:
75 - 100 g Puderzucker
1 - 2 EL Zitronensaft

Mehl, Quark, die gekühlte, in kleine Stücke zerteilte Butter, und abgeriebene Zitronenschale mittels zweier Teigkarten zerhacken und das Ganze rasch zu einem glatten Teig verarbeiten. Sollte der Teig wegen der Konsistenz des Quarks noch zu feucht sein, zusätzliches Mehl einarbeiten. Im Kühlschrank 30 Minuten ruhen lassen. Im Falle der Aprikosen das Obst blanchieren, häuten, halbieren und entkernen. Eine Hälfte der Teigmenge auf bemehlter Fläche zu einem Rechteck von etwa 40 cm x 20 cm ausrollen und von diesem der Länge nach 1 cm breite Streifen schneiden. Jeweils 2 Teigstreifen miteinander verschlingen, spiralig aufrollen und die äußeren Enden fest andrücken. In die flach gedrückte Mitte ein Stück Obst, z.B. eine Aprikosenhälfte, setzen. Die so hergestellten Kränze einzeln auf ein mit Backpapier belegtes Backblech setzen und 20 - 25 Minuten bei 200°C backen. Die noch warmen Kränze mit dickflüssigem Guß bestreichen.

Verschlungener
Hefezopf

46

Zutaten für den Teig:

350 g Mehl
50 g Butter
50 g Zucker
½ Würfel Hefe
⅛-¼ Liter lauwarme Milch
1 unbehandelte Zitrone
Salz

Zutaten für die Füllung:

200 g Mandeln
100 g Marzipanrohmasse
50 g Zucker
5-6 EL süße Sahne

Zutaten für den Guß:

150 g Puderzucker
3-4 EL Zitronensaft

Die Hefe in ⅛ Liter lauwarmer Milch auflösen. Das Mehl in eine Schüssel geben, eine
Mulde eindrücken, Hefemilch zugeben und
durch behutsames Vermengen einen Vorteig
herstellen; abgedeckt 10-15 Minuten gehen
lassen. Diesen Vorteig anschließend zusammen mit der Butter, dem Zucker, abgeriebener
Schale der Zitrone und Salz in eine Schüssel
geben und mit einem Handrührgerät zu
einem mittelfesten Hefeteig verarbeiten;
gegebenenfalls noch etwas lauwarme Milch

unterrühren. Den Teig abgedeckt auf das doppelte Volumen gehen lassen.

Zur Herstellung der Füllung alle Zutaten in
einer Schüssel mischen, gut miteinander verrühren und dabei soviel Flüssigkeit zugeben,
daß eine streichfähige Masse entsteht.

Den fertigen Hefeteig ½-1 cm dick ausrollen,
auf der ganzen Fläche mit der Nußmasse
bestreichen und aufrollen. Die Teigrolle der
Länge nach durchschneiden, so daß zwei
gleichgroße Stränge entstehen und diese
abwechselnd übereinander schlagen. Den
Zopf auf ein mit Backpapier ausgelegtes
Backblech legen und im vorgeheizten Backrohr 25-30 Minuten bei 180°C backen.
Ausgekühlt mit Guß bestreichen oder auch
nur mit Puderzucker bestäuben.

Tipp:

Man kann die Füllung auch ohne Marzipan
zubereiten, muß dann aber zusätzlich 50 g
Zucker zugeben. Anstelle des Marzipans läßt
sich auch eine Mischung von Orangeat und
Zitronat verwenden. Ohne Guß läßt sich dieses
Gebäck gut einfrieren.

Mandelkrokant

100 g Mandelscheiben
100 g Zucker
5 g geschmacksneutrales Öl
1 Bogen Aluminiumfolie

Den Zucker in einem Topf mit dickem Boden erhitzen und karamelisieren, Mandelscheiben zugeben und einrühren. Die Masse behutsam (sehr heiß!) auf die mit Öl bestrichene Aluminiumfolie legen, mit zwei Gabeln davon kleine Häufchen formen und trocknen lassen.

Tipp:
Die Stücke halten sich in verschlossenem Glas sehr lange. In Klarsichttütchen verpackt, ein süßes Gastgeschenk. Zerstoßen als Krokantsplitter eine Garnitur bei Süßspeisen.

Orangencreme mit Fruchtsauce

Zutaten für die Orangencreme:

¼ Liter frisch gepreßter Orangensaft
4 Blatt Gelatine
60 g Zucker
¼ Liter süße Sahne
2 EL Orangenlikör
einige Minzblättchen

Zutaten für die Fruchtsauce:

3 Blutorangen
1 EL Mondamin
1-2 EL Zucker
1 EL Wasser

Gelatine in kaltem Wasser einweichen.
3 EL Orangensaft mit Zucker verrühren, aufkochen und darin die eingeweichte, gut ausgedrückte Gelatine auflösen, anschließend mit dem restlichen Orangensaft vermischen, kalt stellen und andicken lassen. Förmchen mit kaltem Wasser ausspülen und kalt stellen. Die eine Hälfte der geschlagenen Sahne zusammen mit dem Orangenlikör in den angedickten Orangensaft einrühren und die andere Hälfte anschließend unterheben. Die gekühlten Förmchen mit dieser Masse auffüllen und zum Festwerden in den Kühl- bzw. zur rascheren Abkühlung in den Gefrierschrank stellen. Vor dem Anrichten die einzelnen Förmchen kurz in heißes Wasser tauchen, Creme auf die Teller stürzen, mit der nachfolgend beschriebenen kalten Fruchtsauce begießen und mit Minzblättchen garnieren.

Zur Herstellung der Fruchtsauce den Saft der Blutorangen aufkochen. Mondamin in Wasser auflösen und in den Orangensaft einrühren, kurz aufkochen lassen, vom Feuer nehmen und nach Wunsch süßen.

Walnuß-Torte

Zutaten für den Teig:

320 g Mehl
150 g Butter
100-150 g Puderzucker
1 Ei
1 unbehandelte Zitrone
Salz

Zutaten für die Füllung:

350-400 g Walnußkerne
250 g Puderzucker
1 gehäufter EL Honig
¼ Liter süße Sahne
1 Prise Vanillemark

Aus den angegebenen Zutaten unter Verwendung von 300 g Mehl, 150 g kalter, fester Butter und abgeriebener Zitronenschale einen Mürbeteig herstellen und diesen abgedeckt 1 Stunde kühl ruhen lassen.

Zur Herstellung der Füllung den Puderzucker mit dem Honig in einem Topf mit dickem Boden bei mittlerer Hitze unter gelegentlichem Umrühren zu braunem Karamel schmelzen lassen, Sahne behutsam zugießen und unter beständigem Rühren 5-6 Minuten einkochen lassen. Die Walnußkerne unterrühren und anschließend die Masse soweit abkühlen lassen, bis sie nur mehr lauwarm ist.

Auf bemehlter Arbeitsunterlage ⅔ der Teigmenge zu einer runden Fläche von etwa 30 cm ⌀ ausrollen und eine ausgefettete, leicht bemehlte Springform (26 cm ⌀) damit auskleiden; den Teig an den Seitenflächen der Form etwas andrücken.

Die noch lauwarme Füllung in die mit Teig ausgelegte Backform geben und auf der Teigoberfläche gleichmäßig verteilen.

Den Teigrest auf bemehlter Unterlage zu einer runden Fläche von 26 cm ⌀ ausrollen und über die Füllung legen. Die Teigränder

rundherum etwas von der Seitenwand lösen, über den Teigdeckel ziehen und mit einer Gabel andrücken. Die Teigoberfläche mit einer Gabel mehrmals einstechen. Im vorgeheizten Backrohr 20-25 Minuten bei 180 °C backen. Noch heiß, den Rand der fertigen Torte mit einem scharfen Messer von der Seitenwand lösen. Nach dem Erkalten mit Puderzucker bestäuben. Kühl lagern.

Tipp:
Die Nußtorte hält sich 1-2 Wochen frisch und eignet sich daher gut als Geschenk; außerdem kann man sie einfrieren. Kleine Stücke anbieten, da sehr gehaltvoll!

Hefeblätterteig

500 g Mehl
300 g Butter
50 g Zucker
30 g Hefe
1 Ei
⅛-¼ Liter Milch

Aus 50 g Butter und den übrigen Zutaten einen mittelfesten Hefeteig herstellen; kalt gehen lassen. Teig zu einem Rechteck ausrollen und darauf die restliche, gekühlte Butter in dünnen Scheiben dicht bei dicht verteilen. Teig der Länge nach mittig zusammenklappen und die Ränder leicht gegeneinander drücken. Den Teig vorsichtig zu einem etwa 1 cm starken Band ausrollen. Die Stirnseiten in der Weise nach innen schlagen, daß sie einander in der Mitte berühren. Anschließend den Teig ein weiteres Mal zusammenklappen und an kühlem Ort etwa ½ Stunde ruhen lassen. Teig wieder zu einem Band ausrollen und wie vor verfahren. Nach jeweils ½ stündiger Ruhepause Prozedur noch etwa ein- bis zweimal wiederholen. Der fertige Teig eignet sich zur Herstellung von Kleingebäck mit Nuß- und Obstfüllung.

Blättrige Apfelschnitten

4 Platten Tiefkühl-Blätterteig
1 Ei
1 EL süße Sahne
4 Äpfel à 100 g
4 EL Zucker
10 g Puderzucker

Die Blätterteigplatten nebeneinander auf einem mit Backpapier ausgelegten Backblech auftauen lassen. Das Ei mit der Sahne verquirlen und die Teigstücke bis auf einen allseitigen Rand von 2 cm damit einpinseln; Oberfläche mit einer Gabel mehrmals einstechen. Äpfel schälen, Kerngehäuse ausstechen und jeden Apfel in 6 Ringe schneiden. Apfelringe auf den Teigstücken verteilen und mit Zucker bestreuen. Im vorgeheizten Backrohr 10-15 Minuten bei 200°C backen. Mit Puderzucker bestäuben.

Tipp:
Die Apfelstücke können auch mit Mandelblättchen oder mit Zimt und Zucker bestreut werden. Für dieses Rezept lassen sich ebenso gut Aprikosenhälften verwenden.

Mocca-Mousse

1 Tafel Vollmilchschokolade
2 Tütchen Instant Espresso-Kaffee
2 Eier
75 - 100 g Zucker
1 ½ Be. (= 300 g) süße Sahne
3 Blatt Gelatine
kleine Moccabohnen
zum Verzieren

Gelatine in wenig kaltem Wasser einweichen,
Schokolade im warmen Wasserbad schmelzen
lassen. Die ganzen Eier mit dem Handrühr-
gerät miteinander verschlagen, unter weiterem
beständigen Schlagen Zucker einrieseln lassen
und weiterschlagen, bis die Masse cremig wird.
Die Sahne fest schlagen. Die aufgelöste
Schokolade zusammen mit dem Kaffee in die
Eiercreme einrühren und die geschlagene
Sahne – bis auf einen kleinen Rest – zufügen.
Die Gelatine bis auf 1 EL restliches Wasser
abgießen und bei mäßiger Hitze auflösen. Zum
Abschrecken mit dem Handrührgerät von der
Creme einige Eßlöffel in die Gelatine einrühren
und anschließend diese Mischung in die rest-
liche Creme einschlagen. Das Ganze in eine
Nachtischschüssel einfüllen und kühl stellen.
Vor dem Servieren mit der restlichen Schlag-
sahne und einigen Moccabohnen verzieren.

Tipp:
Die Moccabohnen sind in
Süßigkeitsgeschäften und in
Konditoreien erhältlich

Kartoffeltorte

Zutaten für den Teig:
250 g Kartoffeln
4 Eier
200 g Zucker
100 g Mehl
125 g Haselnüsse
100 g Rosinen
4 cl Rum
1 Päckchen Backpulver
1 unbehandelte Zitrone
Salz
10 g Butter zum Ausfetten der Form
10 g Mehl
zum Bestäuben der Form

Zutaten für den Guß:
200 g Puderzucker
3-4 EL Zitronensaft

Zutaten für die Verzierung:
50 g Mandelblättchen
2 EL Zucker
1 EL gehackte, nicht gesalzene Pistazien

Die Kartoffeln in der Schale kochen, über Nacht auskühlen lassen, schälen und durch eine Presse drücken. Die Rosinen in Rum einweichen. Eier und Zucker cremig schlagen, Salz und Zitronensaft zugeben, Mehl, Backpulver, Kartoffelschnee, Nüsse und Rosinen einarbeiten. Die Masse in eine ausgefettete und bemehlte Springform einfüllen und im vorgeheizten Backrohr 45-50 Minuten bei 200°C backen (Garprobe machen!).
Den Guß über die noch warme Torte verteilen und nach Belieben mit Mandelkrokant und Pistazien verzieren.

Tipp:
Anstelle der Rosinen kann man auch fein geschnittenes Orangeat und Zitronat verwenden. Ohne Guß läß sich die Torte gut einfrieren.

Marzipan-Mandel-Hörnchen

250 g Marzipanrohmasse
150 g Zucker
45 g Eiweiß
1 unbehandelte Zitrone
75 g Mandelblättchen
50 g Zartbittercouverture
Salz

Tipp:
Das Gebäck ist bei kühler Lagerung gut 8-10 Tage haltbar.

Die Marzipanrohmasse zusammen mit dem Zucker und dem ungeschlagenen Eiweiß, der abgeriebenen Zitronenschale und dem Salz zu einer glatten Masse verkneten und diese in kleine Häufchen aufteilen. Die Mandeln auf die Arbeitsfläche aufstreuen und die einzelnen Teighäufchen, darin wälzend, zu einer Rolle formen. Die einzelnen Rollen auf ein mit Backpapier ausgelegtes Backblech setzen und zu einem Hörnchen biegen. Im vorgeheizten Backrohr 10-12 Minuten bei 180°C goldgelb backen. Ausgekühlt vom Backpapier lösen und, sofern gewünscht, die Spitzen in aufgelöste Couverture tauchen und zum Trocknen auf Aluminiumfolie legen. In Blechdosen aufbewahren.

Zwetschgengrütze

800 g Zwetschgen
2 Tassen Rotwein
2 Tassen Wasser
100-150 g Zucker
1 EL Zimtpulver
¼ TL Vanillemark
½ Tasse Speisestärke
4 cl Zwetschgenwasser
1 Becher (200 g) süße Sahne

Zwetschgen säubern, halbieren und entkernen. Aus Rotwein, Wasser, Zucker, Zimt und Vanille einen Sud herstellen und zum Kochen bringen. Die zerteilten Früchte zugeben und das Ganze 2-5 Minuten sanft kochen lassen. Speisestärke mit wenig kaltem Wasser glatt rühren und die Masse damit binden; Zwetschgenwasser einrühren, Grütze in eine Schüssel füllen und erkalten lassen. Dazu geschlagene Sahne servieren.

Schichttörtchen nach Schloßgut Neidenburg

Zutaten für den Teig:
250 g Mehl
250 g Zucker
250 g Butter
6 Eier
1 unbehandelte Zitrone
Salz

Zutaten für die Füllung:
mehrere, möglichst kernlose Marmeladen-
sorten

Zutaten für den Guß:
200 g Puderzucker
4 - 5 EL Zitronensaft

Die weiche Butter mit dem Zucker cremig
rühren und die ganzen Eier nach und nach
zufügen. Das Mehl eßlöffelweise sowie Salz
und abgeriebene Zitronenschale einarbeiten.
Auf ein Backpapier mit Bleistift ein Quadrat
von 27 cm x 23 cm markieren. Diese Fläche
dünn mit 2 - 3 EL Teig bestreichen und im
vorgeheizten Backrohr 6 - 8 Minuten bei
180 °C backen. In gleicher Weise bis zum
Aufbrauch des Teiges weitere Teigplatten
backen. Die ausgekühlten Platten jeweils
dünn mit verschiedenen Marmeladearten
bestreichen und aufeinander setzen. Die
Ränder mit einem Sägemesser sorgfältig
glattschneiden. Das Backwerk in viereckige
Stücke gewünschter Form zerteilen und die
Oberfläche jedes Törtchens in die cremig
gerührte Gußmasse tauchen; auf einem
Kuchengitter trocknen lassen.

Tipp:

Wenn man mehrere Schablonen
zeichnet und mit Teig bestreicht, geht
das Abbacken schneller vor sich.
Anstelle eines Zuckergusses paßt
auch gut ein Rumguß. Die Törtchen
halten in kühler Umgebung
1 - 2 Wochen. Das gleiche Rezept, nur
mit runder Schablone gebacken,
ergibt eine attraktive Schichttorte.

Süße „Edle Eberesche"

500 g Beeren der „Edlen Eberesche"
250 g Gelierzucker

Zunächst der allgemeine Hinweis, daß sich für den Verzehr nur die „Edle Eberesche", nicht aber die in der freien Natur meist vorkommende wilde Eberesche eignet.

Die Beeren abzupfen, in heißem Wasser reinigen, abtropfen lassen, mit Gelierzucker bestreuen und über Nacht gut durchziehen lassen. Die eingezuckerten Beeren am nächsten Tag gut durchkochen, aber nicht zu lange, damit sie nicht zerfallen. Noch heiß auf Schraubdeckelgläser abfüllen und diese sofort fest verschließen.

Die Zugabe eines Lorbeerblattes oder einer Knoblauchzehe pro Glas ergibt eine feine Geschmacksvariante.

Tipp:
Zum Einrühren in Salatsaucen für alle Blattsalate; zum Unterheben unter die Schlagsahne als Beilage zu Wild; zum Garnieren pikanter Gerichte.

Zuckerkürbis

2 kg Kürbisfleisch
½ Liter Wein- oder Obstessig
½ Liter Wasser
1 kg Zucker
10 Gewürznelken
1 unbehandelte Zitrone
2 unbehandelte Orangen

Das Kürbisfleisch in Würfel schneiden. Einen Sud aus Essig, Wasser, Zucker, Saft von Zitrone und Orangen herstellen, aufkochen, abgeriebene Schale von Zitrone und Orangen sowie Nelken zugeben und das Ganze ziehen lassen. Kürbisstücke in mehreren großen Portionen nacheinander im Sud bei mittlerer Hitze aufkochen lassen, aus dem Sud nehmen, in Einmachgläser füllen und mit dem noch heißen Sud übergießen. Gläser nach dem Erkalten verschließen.

Zwetschgen in Essig

2 ½ kg Zwetschgen
½ Liter Obstessig
750 g Zucker
½ Liter Wasser
8 - 10 Nelken
2 Zimtstangen

Essig, Wasser, Zucker und Gewürze zu einem
Sud aufkochen, die gesäuberten Früchte zugeben und solange ziehen lassen, bis die Haut
aufgeplatzt ist. Die Früchte in Schraubdeckelgläser füllen, den Sud noch etwas einkochen
lassen und erkaltet, nach dem Entfernen der
Gewürze, über die Früchte geben. Gläser fest
verschließen.

Mango-Chutney

3 Mango-Früchte
100 g Zucker
⅛ Liter Weißweinessig
1 Zitrone
2 EL Rosinen
2 TL Curry
1 TL Zimt
1 Prise Pfeffer

Die Mangofrüchte schälen und das Frucht-
fleisch in Würfel schneiden; diese zusammen
mit dem Saft der Zitrone sowie den weiteren
Zutaten in einem Kochtopf weichkochen, mit
dem Pürierstab zu Mus pürieren und noch
heiß auf Schraubdeckelgläser abfüllen.

Tipp:
Beide Rezepte eignen sich als Beilage zu einem
kalten Buffet.

Kirsch-Mus

250 g süße Kirschen, entsteint
4 EL Rohrzucker
1 unbehandelte Zitrone
6 EL Apfelessig
2 Stangen Zimt
½ TL gemahlener Ingwer
¼ TL Salz
1 Prise Pfeffer

Alle Zutaten in einem Topf unter beständigem Rühren zum leichten Kochen bringen und bei milder Hitze langsam eindicken lassen. Zimtstangen entfernen, Masse pürieren und passieren. Auf Schraubdeckelgläser abfüllen.

Tipp:
Kirsch-Mus paßt als süße Beilage u.a. zu Fondue.

Rotwein-Zwetschgen

1 kg Zwetschgen
200 ml süßlicher Rotwein
150 g Zucker
1 unbehandelte Zitrone
2 Nelken
1 Zimtstange
1 Prise Vanillemark
1 Schuß Zwetschgenwasser

Aus den angegebenen Zutaten (außer Zwetschgen und Zwetschgenwasser), dem Saft und der Schale der Zitrone einen Sud herstellen und diesen zugedeckt 10 Minuten bei mittlerer Hitze kochen. Nach dem Herausnehmen der Gewürze die entsteinten Zwetschgenhälften dem Sud zufügen und diesen unter gelegentlichem Umrühren 10 Minuten behutsam garen lassen. Noch heiß auf Schraubdeckelgläser abfüllen. Vor dem Servieren empfiehlt es sich, einen Schuß Zwetschgenwasser einzurühren.

Tipp:
Eignet sich als Zugabe zu Kaiserschmarrn, Dampf- und Schupfnudeln oder auch zu Vanilleeis.

Apfel-Ingwer-Kuchen mit Marzipanstreusel

Zutaten für den Teig:

220 g Mehl
120 g Butter
75 g Zucker
1 Ei
1 unbehandelte Zitrone

Zutaten für die Füllung:

1 kg Äpfel
50 g kandierter Ingwer
50-75 g Zucker

Zutaten für den Belag:

100 g Mehl
75 g Zucker
50 g Marzipanrohmasse
75 g Butter

Aus 210 g Mehl, 110 g Butter, Zucker, Ei und abgeriebener Zitronenschale einen Mürbeteig herstellen und diesen kühl stellen. Äpfel schälen, vom Kernhaus lösen und in feine Scheiben schneiden. Ingwer klein hacken und unter die Apfelscheiben mischen; Zucker einarbeiten. Zur Zubereitung des Belages die angegebenen Zutaten miteinander verkneten und in kleine Streusel zerteilen. Eine Springform mit 26 cm ⌀ ausbuttern und bemehlen. Den Mürbeteig ausrollen und damit den Boden der Springform belegen; an den Seiten einen Rand von 3 cm hochziehen.
Die Apfelscheiben einfüllen und die Streusel darüber streuen. Im vorgeheizten Backrohr 50-60 Minuten bei 180°C backen.

Orangen-Mandel-Stücke

300 g Mehl
200 g Butter
350 g Puderzucker
400 g Mandeln
3 Eier
2 Saftorangen, 1 unbehandelte Orange
3 cm Ingwerwurzel
Salz

Aus Mehl, Salz, Eigelb, gekühlter Butter und
100 g der angegebenen Zuckermenge einen
Mürbeteig herstellen. Den Teig auf einem
Backpapier zu Backblechgröße ausrollen,
zusammen mit dem Papier auf ein Backblech
setzen, mehrmals mit einer Gabel einstechen
und anschließend 30 Minuten kühl stellen. Die
gemahlenen Mandeln mit dem restlichen
Puderzucker vermengen. Alle 3 Orangen auspressen und von der unbehandelten Orange die
Schale dünn abreiben. Den Ingwer schälen und
sehr fein hacken. Das Eiweiß halbsteif schlagen,
Ingwer, abgeriebene Orangenschale und
100 ml Orangensaft unterrühren, mit dem
Mandel-Zucker-Gemenge vermischen und das
Ganze locker auf den Mürbeteig verteilen. Im vorgeheizten Backrohr 30-35 Minuten bei 175°C
backen. Noch warm in Streifen schneiden.

Löffelbisquit-Torte

150-200 g Löffelbisquits
6-8 EL Mandellikör
125 g Zartbitterschokolade
300 ml süße Sahne
2 EL kandierter Ingwer
50 g Mandelkrokant oder Kokosraspel oder
zerbröseltes Baiser oder Fruchtmus

Die Löffelbisquits mit Likör leicht tränken
und den Boden sowie die Seitenwände einer
Schüssel damit auskleiden, die gezuckerte
Seite nach außen. Die Schokolade im Wasserbad bei milder Hitze schmelzen lassen.

Tipp:
Für die innere Füllung läßt sich
auch Vanilleeis verwenden.
Eine zusätzliche Fruchtsauce
vollendet den Geschmack dieser
Torte.

Die Sahne schlagen; die Hälfte der Menge mit den klein geschnittenen Ingwerstückchen und der geschmolzenen Schokolade vermengen und das Ganze in die vorbereitete Schüssel in der Weise einfüllen, daß Boden und Seiten damit bedeckt sind, in der Mitte aber eine Vertiefung bleibt. Die andere Hälfte der Sahne mit dem Mandelkrokant, Kokosraspel, Baiserbrösel bzw. Fruchtmus vermengen und in die Kuhle einfüllen, oben glatt streichen und 2 Stunden in den Kühlschrank oder 1 Stunde in den Tiefkühlschrank stellen. Schüssel vor dem Servieren auf eine Platte stürzen. Sofern sich der Inhalt nicht gleich löst, Schüssel kurz mit warmem Wasser überspülen.

Tipp:
Hierzu paßt sehr gut eine Vanillesauce.

Kirsch-Soufflé

120 g entsteinte Sauerkirschen
50 g Weißbrot
100 g Butter
3 Eier
100 g Zucker
1 unbehandelte Zitrone
30 Speisestärke
4 EL Kirschwasser
½ TL Zimt

Das entrindete Weißbrot zusammen mit 10 g der angegebenen Zuckermenge in 25 g der angegebenen Buttermenge hellbraun rösten, abgeriebene Zitronenschale zugeben und das Brot mit Kirschwasser tränken. 60 g Butter mit 20 g Zucker und Zimt cremig schlagen, Eigelb unterrühren. Eiweiß steif schlagen und 50 g Zucker einarbeiten. Brot, Kirschen und Stärke unter die Eigelbmasse rühren und das geschlagene Eiweiß unter die homogen gerührte Masse unterheben. Entweder 4-6 feuerfeste Förmchen oder eine größere Auflaufform mit der restlichen Butter und dem restlichen Zucker auskleiden, die Masse einfüllen und 20-25 Minuten bei 200 °C backen.

Quittengelée

5 kg Quitten (Apfel- oder Birnenquitten)
Gelierzucker entsprechend der gewonnenen
Saftmenge
100 g kandierter Ingwer
oder 2 unbehandelte Zitronen oder
4 cl Whisky

Die gesäuberten und geachtelten Quitten in
einen Entsafter geben und mehrere Stunden
vor sich hin kochen lassen. Die Menge des
gewonnenen Saftes zusammen mit dem
Gelierzucker im Verhältnis 1 kg Zucker auf
1 Liter Saft aufkochen und etwas einkochen
lassen; mit den angegebenen Zutaten würzen. Den Abschaum abschöpfen, den Gelée
noch heiß in Schraubdeckelgläser abfüllen
und fest verschließen; 10 Minuten umgedreht
auf den Deckel stellen.

Herbstlicher Obstsalat

Obst nach Wahl, z.B.
2 Äpfel
1 Birne
1 Tasse Brombeeren
1 Tasse Himbeeren
4 Feigen
100 g Weintrauben
1-2 EL Zucker
4 cl Amaretto

Äpfel und Birnen in dünne Scheiben schneiden, halbierte, bei Bedarf entkernte Weintrauben und in feine Streifen geschnittene Feigen zugeben, Beeren untermischen.
Mit Zucker und Amaretto abschmecken; abgedeckt gut durchziehen lassen.

Tipp:
Statt Amaretto läßt sich auch die gleiche Menge Rum oder Maraschino verwenden.

Himbeercreme

350-500 g Himbeeren
1 Becher (200 g) süße Sahne
3-4 Blatt Gelatine
3-4 EL Zucker

Frische oder aufgetaute Tiefkühl-Himbeeren pürieren und durch ein Sieb passieren. Sahne steif schlagen. Gelatine in kaltem Wasser 5-8 Minuten einweichen, anschließend Wasser bis auf etwa 1 TL abgießen und bis zum völligen Auflösen behutsam erwärmen; die gelöste Gelatine mit dem Himbeermus abschrecken, die geschlagene Sahne unterrühren und mit dem Zucker abschmecken. Die Creme in eine Dessertschüssel füllen und kühl stellen.

Tipp:
Anstelle von Himbeeren können in gleicher Weise Erdbeeren oder Brombeeren verwandt werden.

Englischer Kuchen

140 g Butter
140 g Mehl
100 g Zucker
2 Eier
140 g Rosinen
70 g Zitronat
70 g Orangeat
70 g Nüsse
70 g Mandeln
4 cl hochprozentiger Rum (ca. 78 %)
Puderzucker zum Bestäuben

Rosinen, fein gehacktes Zitronat und
Orangeat in einem Teil des Rums einweichen.
Butter sämig schlagen, Zucker und Eier nach
und nach unterrühren, bis eine cremige
Masse entsteht. Mehl und anschließend sämtliche Zutaten gut einarbeiten. In einer ausge-
fetteten und bemehlten Kastenform
50-60 Minuten bei 160°C abbacken.
Noch warm, die Oberfläche mit restlichem
Rum tränken. Ausgekühlt, mit Puderzucker
bestäuben.

Honigplätzchen

250 g Bienenhonig
250 g Farinzucker
500 g Mehl
2 Eier
125 g Mandeln
125 g Zitronat
125 g Orangeat
1 Päckchen Backpulver
Zimt
Nelken
Salz

Die Eier mit dem Zucker schaumig rühren,
sämtliche übrigen Zutaten zugeben und das
Ganze fest verkneten. Aus dem fertigen Teig
mit nasser Hand walnußgroße Kugeln formen,
diese auf ein gefettetes Backblech setzen und
bei 180°C abbacken.

Bratäpfel mit Kiwi-Sauce

Zutaten für die Bratäpfel:
4 Äpfel (Boskop oder Cox Orange)
10 g Butter
2 EL Honig
¼ TL Vanillemark
4 EL Orangensaft

Zutaten für die Kiwi-Sauce:
3 Kiwi-Früchte
3 EL trockener Weißwein
1 Prise Zimt
25 g Mandelblättchen zum Bestreuen

Orangensaft, Honig und Vanillemark kurz aufkochen. Äpfel säubern und Kerngehäuse ausstechen. Auflaufform einfetten, Äpfel einlegen, mit der Orangensaft-Honig-Mischung beträufeln und im Bratrohr 10-15 Minuten garen lassen. Die Garzeit ist von der Sorte der Äpfel und deren Reifegrad abhängig (Garprobe!). Zur Herstellung der Sauce die Kiwis schälen, in Würfel schneiden und nach Zugabe von Wein und Zimt pürieren. Die Bratäpfel mit dieser Sauce übergießen und mit gerösteten Mandelblättchen bestreuen.

Marzipanäpfel

4 säuerliche Äpfel, z. B. Boskop
80-100 g Marzipanrohmasse
25 g Zucker
1 unbehandelte Zitrone
½ TL Zimt
50 g Walnußkerne
25 g Rosinen
2 EL Rum
4-6 EL Weißwein

Zur Herstellung der Füllung die Marzipanrohmasse zusammen mit Zimt, abgeriebener Zitronenschale, Zucker, klein gehackten Walnußkernen, Rosinen und Rum verkneten.

Die Äpfel schälen und deren Kernhaus großzügig ausstechen; das frei gewordene Kernhaus mit der Marzipanrohmasse füllen. Die präparierten Äpfel in eine feuerfeste Form setzen, mit Weißwein übergießen und im vorgeheizten Backrohr 15-20 Minuten bei 180°C garen lassen. Die Garzeit hängt wesentlich von der Größe der Äpfel ab.

Orangenmarmelade

12-13 bittere unbehandelte Orangen
3 unbehandelte Halbblutorangen
3 unbehandelte Zitronen
50-60 g Schale von unbehandelten Orangen
und Zitronen
Haushaltszucker im Verhältnis 1 : 1 zur fertig
zubereiteten Rohmasse

„Unbehandelt" heißt, daß die Früchte weder während des Wachstums noch nach der Ernte mit Chemikalien behandelt worden sind!

Die Orangen und Zitronen waschen und abtrocknen. Von allen Früchten mit einem Zestenreißer soviel Schale abspänen, bis die benötigte Menge beisammen ist. Die bitteren Orangen portionsweise 6-10 Minuten in heißes Wasser legen und anschließend schälen; weiße Haut entfernen. Das Fleisch dieser Orangen über einer Schüssel sorgfältig entkernen und den austretenden Saft auffangen. Die Blutorangen ohne Vorbehandlung schälen; weiße Haut ebenfalls gründlich entfernen, entkernen und dem Feisch der anderen Orangen zufügen. Die gesamte Fruchtmasse zur Bestimmung der benötigten Zuckermenge abwiegen. Die Zitronen auspressen. In einem entsprechend großen Topf das Orangenfleisch gut durchkochen, Zitronensaft und Zucker zugeben und das Ganze 3 Minuten sprudelnd kochen lassen; pürieren, die vorbereiteten Schalenspäne zufügen und erneut 3 Minuten bei mittlerer Hitze durchziehen lassen. Abschäumen und auf Schraubdeckelgläser abfüllen.

Variation 1

Bei grundsätzlich gleichem Grundrezept (siehe oben) die abgespänte Schale der bitteren Orangen im Zitronensaft weich kochen lassen und zusammen mit der übrigen Fruchtmasse pürieren. Bei dieser Variation sind die Schalenspäne weitgehend zerfallen und nicht mehr erkennbar. Der Geschmack ist gut.

Variation 2

Bei grundsätzlich gleichem Grundrezept (siehe oben) das Fleisch einer roten Grapefruit der Fruchtmasse zufügen. Die abgespänte Schale der bitteren Orangen in einem eigenen Topf zusammen mit dem Zitronensaft kurz weichkochen lassen und anschließend der pürierten Fruchtmasse zufügen. Bei dieser Variation zerfallen die Schalenspäne in kleine, kaum mehr erkennbare Stückchen. Der Geschmack ist gut.

Tipp:

Die Marmelade wird länger haltbar, wenn sie anstelle von reinem Zucker mit Gelierzucker im Verhältnis 1:1 gekocht wird.

74

Knusprige Mandelplätzchen

200 g gehobelte Mandeln
180 g Zucker
30 g Mehl
40 g Butter
90 g Eiweiß
1 unbehandelte Zitrone

Die Butter schmelzen und wieder abkühlen lassen. Butter mit Zucker, Mehl und dem ungeschlagenen Eiweiß verrühren, Schale der Zitrone zugeben und die Mandeln einarbeiten; abgedeckt 1-2 Stunden ruhen lassen. Von dieser Masse auf ein mit Backpapier belegtes Backblech kleine Häufchen (jeweils ½ TL) setzen und im vorgeheizten Backrohr 8-10 Minuten bei 180°C backen; der äußere Rand soll hellbraun werden. Abgekühlt die Plätzchen mit einem Messer behutsam vom Backpapier lösen. In Blechdose aufbewahren.

Tipp:
Anstelle von Zitronenschale läßt sich gut Orangenschale oder Vanillezucker verwenden.

Baumkuchen

Zutaten für den Teig:
135 g Mehl
125 g Mondamin
250 g Zucker
260 g Butter
5 Eier
1 unbehandelte Zitrone
1 EL Rum
Salz

Zutaten für den Guß:
200 g Puderzucker
3-4 EL Zitronensaft oder Rum

250 g der angegebenen Buttermenge mit dem Zucker cremig rühren und die ganzen Eier nach und nach einarbeiten. 125 g der angegebenen Mehlmenge sowie das Mondamin eßlöffelweise zugeben, ebenso die abgeriebene Schale der Zitrone. Die Hälfte des Saftes der Zitrone, den Rum und das Salz zufügen. Eine kleine Springform mit der restlichen Butter ausfetten und bemehlen. Den Boden der Springform mit Teig bestreichen und im vorgeheizten Backrohr 8-10 Minuten bei 180°C hellgelb backen. Auf diese gebackene Teigschicht erneut Teigmasse dünn aufstreichen. Die Springform jetzt unter den Grill stellen und die zweite Schicht solange backen, bis sie Farbe annimmt. In gleicher Weise weitere Schichten aufbringen, bis der Teig aufgebraucht ist. Abgekühlt, den Kuchen aus der Springform lösen und mit cremig gerührtem Zuckerguß bestreichen.

Tipp:
Der Baumkuchen hält 1-2 Wochen. Baumkuchenspitzen lassen sich unter Verwendung einer großen Springform herstellen. Die Teighöhe wird dann niedriger. Nach dem Erkalten ist der Kuchen mit Zuckerguß oder Couverture zu bestreichen und in Rauten mit einer Kantenlänge von etwa 3 cm zu schneiden.

Nußmakronen
(Eiweißverwertung)

4 Eiweiß
250 g Puderzucker
250 g Haselnüsse
2 cl Rum

Eiweiß steif schlagen und Puderzucker nach und nach unter beständigem Weiterschlagen zugeben. Gemahlene Haselnüsse und Rum behutsam einarbeiten. Auf ein mit Backpapier belegtes Backblech kleine Teigbällchen setzen und im vorgeheizten Backrohr 20-25 Minuten bei 120-130°C backen.

Tipp:
Wegen der unterschiedlichen Größe der Eiweiße müssen gegebenenfalls zusätzlich gemahlene Haselnüsse eingearbeitet werden.

Pflaumen in Rum

125 g Backpflaumen
⅛ Liter 52 %iger Rum

Die Pflaumen in ein dickbauchiges, gut verschließbares Glas füllen und mit Rum begießen. Damit die Pflaumen gut durchziehen können, fest verschlossen bis zu 14 Tagen stehen lassen; anschließend Rum wieder abgießen. Diese Früchte werden gerne zum Tee oder in kleinen Mengen zu Cremes serviert.

Alle Zutaten miteinander vermengen und zu einem Teig verkneten. Diesen in eine Folie einschlagen und im Kühlschrank mindestens 30 Minuten ruhen lassen. Aus dem Teig 4 Rollen formen, auf Backpapier setzen und im vorgeheizten Backrohr 25-30 Minuten bei 200°C backen (Backrohr noch nicht ausschalten!). Leicht abgekühlt, diagonal mit scharfem Sägemesser in 1-2 cm starke Scheiben schneiden. Erneut 8-10 Minuten bei 200°C im Backrohr trocknen. Die Oberflächen der Mandelstücke sollen leicht angebräunt sein. Ausgekühlt in Blechdosen aufbewahren.

Mandelstücke

250 g Mehl
150 - 180 g Zucker
25 g Butter
200 g ganze, ungeschälte Mandeln
2 Eier
1 gute Prise Vanillemark oder
2 Päckchen Vanillezucker
1 TL Backpulver
5 Tropfen Bittermandelöl
1 Prise Salz

Tipp:

Statt Vanille kann man auch die abgeriebene Schale einer unbehandelten Orange einarbeiten. Anstelle von ungeschälten kann man auch ganze geschälte Mandeln verwenden.

Vanille-Quark-Mousse mit Orangen

2 unbehandelte Orangen
100 g Zucker
250 g Sahnequark
1/16 Liter Orangenlikör
1/2 TL Vanillemark
2 Blatt Gelatine
200 ml süße Sahne
1 Zweig Zitronenmelisse

Tipp:
Ein weihnachtlicher Nachtisch

Eine der beiden Orangen schälen und hierbei die weiße Haut vollständig entfernen; die einzelnen Filets sorgfältig herauslösen. Die andere Orange heiß abwaschen und der Quere nach halbieren. Von dieser die eine Hälfte auspressen und aus der anderen 4 dünne runde Scheiben von etwa 3 mm Stärke schneiden. Den Zucker in einem Topf mit dickem Boden bei mittlerer Hitze zu hellbraunem Karamel schmelzen, mit Likör aufgießen und den Karamel bei milder Hitze ablöschen. Orangensaft zugießen, Orangenscheiben zufügen und 1-2 Minuten bei milder Hitze kochen lassen. Anschließend den Topf vom Feuer nehmen und den Orangenkaramel abkühlen lassen. Den Quark in eine Schüssel geben und das Vanillemark unterrühren. Die Gelatine in kaltem Wasser einweichen und tropfnaß bei milder Hitze auflösen, mit 2 EL Quark abschrecken und anschließend kräftig in die restliche Quarkmasse einrühren. Die Sahne steif schlagen und unterheben. Kalt stellen.

Die einzelnen Orangenscheiben in die Mitte von Nachspeistellern setzen. Mit einem heißen Eßlöffel Nocken aus der Quark-Mousse abstechen und auf die einzelnen Teller verteilen. Orangenkaramel darübergießen und mit Orangenfilets und Zitronenmelisse garnieren.

Mandelstangen
(Eiweißverwertung)

125 g ungeschälte Mandeln
125 g Zucker
2 Eiweiß
75 g Mehl
5-8 Tropfen Bittermandelöl

zusätzlich:
etwas Mehl zum Formen
Puderzucker zum Bestäuben

Die Mandeln fein mahlen. Eiweiß zu steifem Schnee schlagen und Zucker unter Weiterschlagen nach und nach zugeben; Mandeln und Mehl behutsam unterheben. Walnußgroße Stücke vom Teig abstechen, zu Kugeln formen und diese auf einem bemehlten Backblech zu fingerlangen Stangen ausrollen. Die Teigstücke im Abstand von etwa 3 cm auf ein mit Backpapier belegtes Backblech legen und im vorgeheizten Backrohr 10-15 Minuten bei 180°C backen. Auf einem Kuchengitter auskühlen lassen. Mit Puderzucker bestäuben.

Baiser-Schnecken
(Eiweißverwertung)

3 Eiweiß
90 g Zucker
70 g Puderzucker
3 gestr. TL Mondamin
100-150 g Nougat

Das Eiweiß steif schlagen und den Zucker unter weiterem beständigen Schlagen einrieseln lassen. Diese Masse solange weiterschlagen, bis sie glänzt, den gesiebten Puderzucker und die Speisestärke unterheben und in einen Spritzbeutel mit glatter Tülle einfüllen. Auf ein mit Backpapier ausgelegtes Backblech kleine Schneckenhäuser spritzen und diese mehrere Stunden bei 50°C und kleinem Ofenspalt im Backrohr trocknen lassen.

Das Nougat im warmen Wasserbad schmelzen lassen, und von der erweichten Masse bei der Hälfte der Baisermenge ½-1 TL die glatte Bodenoberfläche damit bestreichen; die zweite Hälfte der Baisermenge dagegensetzen. Das Ganze auf einer Aluminiumfolie trocknen lassen. In einer Blechdose aufbewahren.

Birnen in Portwein

4 Birnen
¼ Liter Portwein
¼ Liter Wasser
200 g Zucker
20 g Butter
¼ Liter süße Sahne
2 unbehandelte Zitronen
60 g Haselnußkerne
2 Gewürznelken
2 Prisen Vanillemark

Birnen säubern, schälen, halbieren und vom Kernhaus befreien. Aus Portwein, Wasser, der Hälfte der angegebenen Zuckermenge, der abgeriebenen Schale der beiden Zitronen und den Nelken einen Sud kochen und die Birnenstücke darin ca. 5 Minuten garen lassen. Birnenhälften herausnehmen und abtropfen lassen. Den Sud solange einkochen, bis ein Sirup entsteht; abkühlen lassen. Die klein gehackten Haselnußkerne in der zerlassenen Butter bräunen und beiseite stellen. In einer weiteren Pfanne den restlichen Zucker karamelisieren lassen und die gebräunten Haselnüsse zugeben. Die noch heiße Masse auf einer leicht eingeölten Platte oder auf einer Aluminiumfolie verteilen, abkühlen lassen und anschließend zerstoßen.

Sahne steif schlagen und mit Vanillemark würzen. Die Birnenhälften auf Nachtischteller anrichten, Sirup darübergießen und mit dem Haselnußkrokant bestreuen. Zusammen mit dem Schlagrahm servieren.

Tipp:
Statt Portwein paßt auch süßer Sherry oder Marsala

Amaretti
(Mandelkekse)

200 g Mandeln
200 g Zucker
2 Eiweiß
3-4 Tropfen Bittermandelöl
20 g Puderzucker

Die gemahlenen Mandeln mit der Hälfte der angegebenen Zuckermenge zu feinem Pulver zerstoßen und anschließend sieben. Das Eiweiß zu festem Schnee schlagen und unter weiterem Schlagen die restliche Zuckermenge einrieseln lassen. Die Eiweiß-Zuckermasse unter das Mandel-Zuckergemisch heben und das Bittermandelöl einarbeiten. Die entstandene Masse in einen Spritzbeutel mit Lochtülle einfüllen und mit diesem kleine, nußgroße Häufchen auf ein mit Backpapier ausgelegtes Backblech setzen; mit Puderzucker bestäuben und einige Stunden ruhen lassen; im vorgeheizten Backrohr 8-10 Minuten bei 150°C abbacken.

Tipp:
In kleine Tütchen verpackt, eignen sich Amaretti als nettes Geschenk. Sie passen zum Espresso.

Überbackene Aprikosen

12 Aprikosenhälften
1 Eigelb
2 EL Zucker
2 EL Amarettini-Kekse
⅛ Liter süße Sahne
1 Prise Vanillemark

Die Aprikosenhälften auf feuerfeste Förmchen bzw. Muscheln verteilen und die Amarettini-Kekse darüber geben. Das Eigelb mit 1 EL Zucker cremig rühren. Sahne steif schlagen und mit dem restlichen Zucker süßen. Eigelbmasse und Sahne miteinander vermengen, mit Vanillemark würzen und über die keksbedeckten Aprikosen verteilen. Im vorgeheizten Backrohr 3-5 Minuten bei 180°C überbacken.

Brandteigkranz

100 g Mehl
50 g Butter
¼ Liter Wasser
3 - 5 Eier entsprechender Größe
1 gestr. TL Backpulver
¼ - ½ Liter süße Sahne
frisches Obst nach Wahl
Puderzucker

Wasser zusammen mit der Butter zum Kochen bringen, Wärmezufuhr verringern, gesiebtes Mehl einschütten und so lange rühren, bis sich ein Kloß geformt hat, der sich vom Topf lösen läßt; leicht abkühlen lassen. Nach und nach die Eier einarbeiten und abschließend das Backpulver zugeben. Von dieser Brandteigmasse mittels einer Tortenspritze einen Ring von etwa 20 cm Ø auf ein mit Backpapier belegtes Backblech spritzen, innen anschließend einen zweiten Ring mit entsprechend kleinerem Durchmesser und oben auf einen dritten mit einem mittleren Durchmesser. Den Kranz im vorgeheizten Backrohr 20 - 30 Minuten bei 200 °C backen. Während der gesamten Backzeit darf das Backrohr nicht geöffnet werden. Nach dem Erkalten den Teigkranz mittig quer durchschneiden, mit Schlagsahne und Obst füllen und mit Puderzucker bestäuben.

Mocca-Halbgefrorenes

3 Eigelb
100 g Zucker
1 Becher (200 g) süße Sahne
1 EL (5 g) Instant-Kaffee
1 EL warmes Wasser
1 EL blättrige Mandeln
1 Prise Vanillemark

Eigelb mit Zucker dick-cremig schlagen, Pulverkaffee in Wasser auflösen und unterrühren, Vanillemark zugeben. Sahne steif schlagen und bis auf einen kleinen Rest unter die Eigelbmasse unterheben. Die Masse auf Nachtischgläser verteilen und ins Gefrierfach stellen. Vor dem Servieren mit der restlichen geschlagenen Sahne und den Mandeln garnieren.

Quarksoufflé mit Rum-Rosinen

250 g Magerquark
80 g Rosinen
40 g Butter
40 g Zucker
20 g Grieß
2 Eier
2 EL Rum
40 g Haselnüsse
1 unbehandelte Zitrone

Die Rosinen in Rum tränken und 10 Minuten abgedeckt ziehen lassen. Die Eier trennen. Eigelb, 20 g Butter und Zucker cremig schlagen, Quark und Grieß nach und nach zugeben. 2 EL Saft und abgeriebene Schale der Zitrone sowie die gemahlenen Haselnüsse unterrühren. Rosinen und den steif geschlagenen Eischnee unterheben. Ausgebutterte Souffléförmchen zu 3/4 des Inhaltes mit der Schaum-Masse füllen und im vorgeheizten Backrohr 25-30 Minuten bei 180°C goldgelb backen oder in einer mit heißem Wasser gefüllten Bratraine garen lassen.

Früchtebrot

125 g Butter
100 g Zucker
3 Eier
100 g Mehl
½ Päckchen Backpulver
1 Prise Zimt
1 Prise Salz
125 g unabgezogene Mandeln
125 g Nüsse
125 g Feigen
250 g Rosinen
125 g Zitronat

Butter weich rühren, abwechselnd Zucker und Eier zugeben und das Ganze solange rühren, bis eine cremige Masse entsteht. Mehl und Backpulver einrühren. Gewürze, die grob zerkleinerten Mandeln, Nüsse und Feigen zugeben. Rosinen und das fein zermahlene Zitronat einarbeiten. Den Teig in eine mit Backpapier ausgelegte Kastenform einfüllen und bei 175°C im vorgeheizten Backrohr etwa 1 Stunde backen.

Tipp:
Läßt sich gut auf Vorrat backen.

Vanillehörnchen

300 g Mehl
200 g Butter
50 g Zucker
1 Päckchen Vanillezucker
100 g gemahlene Haselnüsse
Zucker und Vanillezucker zum Wenden der fertig gebackenen Hörnchen

Aus den angegebenen Zutaten einen Mürbeteig herstellen, gut durcharbeiten und sofort zu Hörnchen formen. Auf einem mit Backpapier belegten Backblech 10-12 Minuten bei 160°C hellgelb abbacken. Die Hörnchen noch lauwarm in Vanillezucker wenden. Nach dem Auskühlen in Blechdosen aufbewahren.

Terrassengebäck

(Eigelb-Verwertung)

Zutaten für den Teig:

500 g Mehl
175 g Zucker
250 g Butter
3 Eigelb
1 Ei
1 unbehandelte Zitrone
1 Prise Vanillemark

Zutaten für die Füllung:

450 g Marmelade ohne Kerne
125 g Puderzucker

Die abgeriebene Schale der Zitrone sowie alle anderen Zutaten für den Teig zusammenmischen und daraus einen Mürbeteig herstellen; diesen kurz kühl ruhen lassen.
Den Teig dünn ausrollen, runde, gezackte Plätzchen dreierlei Größe, aber gleichen Musters, ausstechen und auf ein mit Backpapier ausgelegtes Backblech setzen; 8-10 Minuten bei 180°C hellgelb abbacken. Jeweils drei Plätzchen unterschiedlicher Größe übereinandersetzen und die Zwischenräume mit Marmelade füllen. Zuletzt mit Puderzucker bestäuben.

Mandelsplitter

150 g Mandelstifte
200 g Vollmilch-, Zartbitter- oder
Weiße Schokolade
1 EL Zucker

Mandelstifte und Zucker in einer Pfanne kurz anrösten und abkühlen lassen. Schokolade im Wasserbad schmelzen, bis auf Raumtemperatur abkühlen lassen und umgehend mit den Mandelstiften vermengen. Um ein vorzeitiges Erstarren der Masse zu vermeiden, rasch mit einem Teelöffel kleine, längliche Häufchen formen und diese auf eine Aluminiumfolie oder ein Backpapier setzen, bei Raumtemperatur trocknen lassen und mit einem Messer abheben. In Blechdosen aufbewahren, jede Lage mit Aluminumfolie abdecken.

Tipp:
Die Mandelsplitter auf Manschetten setzen und als Geschenk verpacken

Zabaione mit Trauben

300 g Trauben
2-3 Eigelb
1-2 EL Zucker
50-75 ml Marsala-Wein
einige Blättchen Zitronenmelisse

Die halbierten und entkernten Trauben ins Gefrierfach stellen. Die Eigelbe zusammen mit dem Zucker und dem Marsala-Wein im heißen Wasserbad zu einer cremig-schaumigen Masse aufschlagen. Die Trauben auf einzelne Nachtischteller anrichten und mit der lauwarmen Zabaione übergießen. Mit Zitronenmelisse garnieren.

Tipp:
Diese Nachspeise muß sofort serviert werden.

Walnuß-Konfekt

200 g halbierte Walnußkerne
100-150 g Nougat
100 g Couverture

Das Nougat und die Couverture getrennt voneinander im warmen Wasserbad auflösen. Mit einem Teelöffel kleine Mengen von der Nougatmasse auf die Innenseite einer Walnußhälfte geben und eine weitere Walnußhälfte dagegendrücken; das Ganze auf einer Aluminiumfolie trocknen lassen. Die gefüllte Walnuß stirnseitig zur Hälfte in die Couverture eintauchen und erneut auf der Aluminiumfolie trocknen lassen. In einer Blechdose aufbewahren.

Lebkuchen

Zutaten für die Lebkuchen:
150 g Zucker
2-3 Eier
150 g gemahlene ungeschälte Mandeln
150 g gemahlene Haselnüsse
75 g feingehacktes Zitronat
75 g feingehacktes Orangeat
½ TL gemahlene Nelken
½ TL gemahlener Zimt
½ TL Zitronensaft
½ TL Rum
1 Prise Muskatnuß

Zutaten für den Guß:
150 g Puderzucker
1 EL Zitronensaft oder Rum
2 EL Wasser

Eier und Zucker cremig schlagen, übrige Zutaten untermischen und kleine Kugeln formen. Diese auf ein mit Backpapier ausgelegtes Backblech setzen und bei 160°C solange abbacken, bis deren Oberfläche trocken ist. Die Zutaten für den Guß zu einem dickflüssigen Brei glattrühren. Die noch warmen Lebkuchen mit dem Guß bestreichen und trocknen lassen. In einem Pappkarton aufbewahren.

Zitronenherzen
(Eigelb-Verwertung)

Zutaten für den Teig:
3 Eigelb
125 g Zucker
300 g gemahlene ungeschälte Mandeln
1 unbehandelte Zitrone
1 Prise Vanillemark

Zutaten für den Guß:
100-150 g Puderzucker
1-2 EL Zitronensaft

Eigelb mit Zucker und Vanillemark cremig schlagen, die abgeriebene Schale der Zitrone und soviel der gemahlenen Mandeln einarbeiten, daß der Teig kaum noch klebt. Die Arbeitsfläche mit dem Rest der gemahlenen Mandeln bestreuen und darauf den Teig nicht zu dünn ausrollen. Herzen ausstechen und auf ein mit Backpapier belegtes Backblech legen; 8-10 Minuten bei 180°C abbacken. Puderzucker mit dem Zitronensaft dickflüssig verrühren und auf die noch warmen Plätzchen streichen.

Mandel-Marzipan-Plätzchen

(Eigelb-Verwertung)

Zutaten für den Teig:
175 g Mehl
1 Eigelb
100 g Butter
50 g Puderzucker
100 g Marzipan-Rohmasse

Zutaten für den Belag:
100 g geschälte Mandeln
1 Eigelb

Sämtliche Zutaten zusammenmischen und daraus einen Mürbeteig herstellen; diesen kurz kühl ruhen lassen. Aus dem Teig kleine Kugeln formen, auf ein mit Backpapier belegtes Backblech setzen, mit dem Eigelb bestreichen und mit je einer Mandel verzieren; etwa 10-12 Minuten bei 180°C abbacken.

Nußlaiberl

500 g Zucker
4 Eier
625 g geriebene Haselnüsse
50 g feingehacktes Zitronat
50 g feingehacktes Orangeat
¼ TL gemahlener Zimt oder 1 TL abgeriebene Schale einer unbehandelten Zitrone
40 halbierte Haselnüsse zum Belegen
20 kleine ungespaltene Oblaten oder Backpapier

Eier und Zucker zu einer lockeren, schaumigen Masse verrühren. Zitronat, Orangeat, die abgeriebene Zitronenschale bzw. den gemahlenen Zimt und die geriebenen Haselnüsse untermischen. Der Teig darf nicht zu trocken sein, er muß noch so feucht sein, daß er sich gut formen läßt. Aus dem Teig kleine Kugeln mit einem Durchmesser von etwa 2 cm formen, diese auf die rauhe Seite der gespaltenen Oblaten oder auf das Backpapier legen, flach andrücken und in die Mitte jedes Plätzchen eine halbierte Haselnuß eindrücken. Im vorgeheizten Backrohr 10-12 Minuten bei 160°C hellgelb backen. Auskühlen lassen und gegebenenfalls überstehende Oblatenteile abbrechen.

Zimtplätzchen

(Eiweiß-Verwertung)

2 Eiweiß
125 g Puderzucker
150 g Schmelzflocken
60 g weiche Butter
1 TL Zimt

Die beiden Eiweiß fest schlagen, den Puderzucker nach und nach unterschlagen und die übrigen Zutaten unterrühren. Auf ein mit Backpapier belegtes Backblech etwa ½ TL große Teighäufchen setzen und diese 10-15 Minuten bei 100°C trocknen, nicht backen.

Tipp:
Eiweißgebäck stets getrennt von anderem Gebäck aufbewahren!

Schokoladenbrot

Zutaten für den Teig:
100 g Mehl
250 g Puderzucker
250 g Butter
6 Eier
250 g geriebene Bitterschokolade
250 g gemahlene ungeschälte Mandeln

Zutaten für den Guß:
200 g Schokoladen-Glasur oder Couverture
50 g Mandelstifte

Butter, Puderzucker und Eier cremig schlagen und die übrigen Zutaten einarbeiten. Ein Backblech mit Backpapier in der Weise auslegen, daß das Backpapier auf der offenen Seite des Backbleches einen etwa 2 cm hohen Rand aufweist, um ein Abfließen der Masse zu verhindern. Diese etwa 1 cm dick auf das Backpapier aufstreichen und im vorgeheizten Backrohr 15-20 Minuten bei 180°C abbacken. Noch heiß, den Teig in Rauten schneiden, nach dem Erkalten mit dem Schokoladenguß überziehen und mit den Mandelstiften garnieren. Schokoladenguß bei Raumtemperatur erstarren lassen.

Honigkuchen

Zutaten für den Teig:

400 g Honig, z.B. Akazienhonig
5 Eier
80 g Mehl
200 g Haselnüsse
1 Prise Nelkenpulver
¼ TL Zimt
10 g Butter und
10 g Mehl zum Ausstreichen der Backform

Zutaten für den Guß:

125 g Puderzucker
3-4 EL 54%iger Rum
Puderzucker zum Verzieren

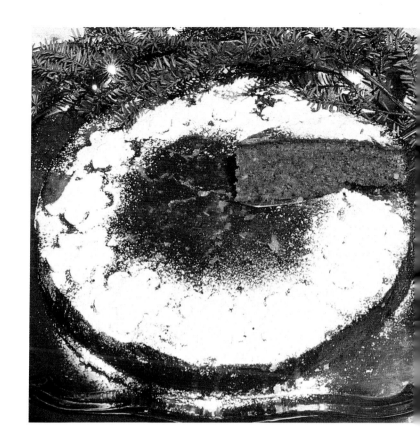

Bei allen Eiern Eigelb vom Eiweiß trennen.
Honig und Eigelb miteinander cremig schlagen, Mehl, Haselnüsse sowie Gewürze zugeben und einrühren. Das Eiweiß steif schlagen
und unterheben. Den Teig in eine ausgefettete und bemehlte Springform mit 26 cm ∅
eingießen und im vorgeheizten Backrohr
20-25 Minuten bei 180°C backen.
Die Glasur noch auf den warmen Kuchen
streichen. Vor dem Servieren mit Puderzucker
verzieren.

Grissini

550 g Mehl
50 g Hefe
30 g Zucker
200 ml Wasser
100 ml Olivenöl
2 TL Salz

Aus 500 g Mehl und den weiteren Zutaten einen glatten, geschmeidigen Hefeteig herstellen und diesen auf bemehlter Arbeitsfläche abgedeckt gehen lassen (das Volumen soll sich hierbei verdoppeln). Den Teig halbieren, zu zwei Rollen von jeweils 20 cm formen und 10 Minuten mit einem Tuch bedeckt ruhen lassen.

Diese beiden großen Teigrollen in je 18 Stücke teilen und aus jedem dieser Stücke 35-38 cm lange dünne Teigröllchen formen. Sämtliche Teigröllchen auf zwei mit Backpapier ausgelegten Backblechen nebeneinander mit einem Abstand von etwa 2 cm legen und die Enden leicht gegen das Backpapier andrücken; 10 Minuten gehen lassen. Im vorgeheizten Backrohr 40 Minuten bei 160°C backen.

Tipp: In Blechdosen aufzubewahren.

Preiselbeercreme

6 EL eingemachte Preiselbeeren
125 g Zucker
2 Eigelb
2-3 EL kalte Milch
2 Eiweiß
¼ Liter süße Sahne
1 TL Mondamin

Eigelb, Milch und Mondamin in einem Topf gut miteinander verrühren, Sahne zugeben und das Ganze unter beständigem Rühren einmal aufkochen lassen. Diese Masse in einem kalten Wasserbad erkalten lassen. Eiweiß steif schlagen, Zucker nach und nach einrieseln lassen und diese Mischung so lange weiterschlagen, bis der Eischnee glänzt. Die Preiselbeeren unter die Eiweißmasse ziehen und anschließend die Sahnecreme unterrühren. Kühl stellen.

Die Kinder von Tschernobyl

Bewusste Täuschung der Öffentlichkeit.
Auf der Grundlage des zeitlichen Verlaufs der bisher aufgetretenen Fälle von Schilddrüsenkarzinomen bei Kindern in Weißrußland kam die WHO zu folgender Prognose: Von allen Kindern aus dem Oblast Gomel, die zum Zeitpunkt der Reaktorkatastrophe zwischen null und vier Jahren alt waren, werden ein Drittel im Laufe ihres Lebens an Schilddrüsenkrebs erkranken, das sind allein in dieser Gruppe mehr als 50.000 Menschen, eine Zahl, die von den Verantwortlichen bis heute geleugnet wird.

*Prof. Dr. med. Dr. h. c. E. Lengfelder
Strahlenbiologisches Institut der Universität München*

Der Erlös dieses Buches geht an das Otto Hug Strahleninstitut, Medizinische Hilfsmaßnahmen, München (1. Vorsitzender Prof. Dr. med. Dr. h. c. Edmund Lengfelder) und dient der medizinischen Behandlung von Kindern, Jugendlichen und Erwachsenen in Weißrußland, die in der Folge der Tschernobyl-Katastrophe an Schilddrüsenkrebs erkrankt sind.

Die Autoren und Künstler, die dieses Buch mitgestaltet haben, stellen ihre Arbeit kostenlos in den Dienst dieser wertvollen Sache.